속지 마! 왕재미

글 다영

웃긴 이야기를 좋아하는 초등학교 교사입니다. 어린이들에게 눈이 번쩍 뜨일 만큼 재밌는 과학 이야기를 들려주고 있습니다. 한국교원대학교 과학영재교육과에서 석사 학위를 받았고, 2022년 초등학교 3, 4학년 수학 검정 교과서 연구위원으로 참여했습니다. 과학동화 '달콤 짭짤 코파츄'와 '속지 마! 왕재미' 시리즈, 수학동화 '똥꼬 발랄 고영희' 시리즈를 쓰고 있습니다.

그림 유영근

프리랜서 일러스트레이터이자 '아빠는 N살'을 연재하는 카투니스트로 활동 중입니다. 캐릭터 애니메이션 제작 업체 TRTB Pictures에서 기업 광고와 교육용 콘텐츠를 제작했습니다. 쓴 책으로 『아빠는 다섯 살』『아빠는 여섯 살』『아빠는 일곱 살』 등이 있고, 그린 책으로 『어린이를 위한 생각 정리의 힘』『초3, 과학이 온다』『상처 주는 말 하는 친구에게 똑똑하게 말하는 법』『어느 날, 노비가 되었다』『후덜덜 식당』 등이 있습니다.
인스타그램 @jhiro2

속지 마! 왕재미 ❷ 꼬랑내19 바이러스의 정체는?

2024년 9월 23일 초판 1쇄 발행

지은이 다영 • 그린이 유영근
펴낸이 염종선 • 책임편집 한지영 • 디자인 이주원 • 조판 황숙화 • 펴낸곳 (주)창비
등록 1986. 8. 5. 제85호 • 제조국 대한민국 • 주소 10881 경기도 파주시 회동길 184
전화 031-955-3333 • 팩스 031-955-3399(영업) 031-955-3400(편집)
홈페이지 www.changbi.com • 전자우편 dongmu@changbi.com

ISBN 978-89-364-4876-9 73400

속지 마! 황재미 2

다영 과학동화
유영근 그림

꼬랑내19 바이러스의 정체는?

창비

통계적 사고의 힘을
왕재미와 함께!

미래의 인류는 어떤 모습일까요? 희망찬 내일을 살아갈까요, 아니면 한 시대를 누렸던 공룡처럼 멸종하게 될까요? 한 치 앞도 알 수 없는 미래는 우리를 불안하게 합니다. 언제 어디서 지진, 홍수, 테러, 전쟁, 전염병과 같은 대재앙이 닥칠지 모르니까요. 특히 2019년에 발생한 코로나19는 전 세계를 공포로 몰아넣었습니다. 미지의 감염병, 코로나19를 향한 두려움과 불안은 '인포데믹'이라는 새로운 사회 현상을 불러일으키기에 이르렀습니다.

인포데믹(infodemic)은 인포메이션(정보, information)과 엔데믹(전염병, endemic)의 합성어로, 잘못된 정보나 악성 루머가 미디어와 인터넷을 통해 급속히 퍼지며 사회에 악영향을 끼치는 현상을 뜻합니다. 예를 들어 '5G 기술이 바이러스를 퍼뜨린다' '백신이 코로나19 감염률을 높인다'와 같은 가짜 뉴스 때문에 사람들이 혼란에 빠진 것이 대표적인 인포데믹에 해당합니다.

이와 같이 불필요한 공포심을 키우는 가짜 뉴스에 맞서려면 어떻게 해야 할까요? 가장 좋은 방법은 통계적 사고력을 키우는 것입니다. 본 책은 통계와 확률을 활용해 진실과 거짓을 검증하는 방법을 다룹니다. 주인공 왕재미의 생생한 모험을 통해 자료를 올바르게 고르고 결과를 정확하게 해석하는 법을 배울 수 있습니다.

통계와 확률은 긴 세월 동안 인류를 구원하는 데 결정적인 역할을 해 왔습니다. 백의의 천사 나이팅게일이 존경받는 가장 큰 이유는 의료계에 본격적으로 통계학을 도입한 최초의 인물이기 때문입니다. 나이팅게일은 깨끗한 물과 원활한 환기 시설이 사망률을 크게 줄일 수 있다는 것을 숫자와 그래프로 증명했고, 그 덕분에 수많은 병사들의 목숨을 전쟁터에서 구할 수 있었습니다.

통계적 사고의 힘으로 무장한 우리는 어떠한 어려움에도 당당히 맞설 수 있습니다. 여러분에게도 왕재미가 전하는 작지만 강한 힘이 깃들기를 바랍니다.

2024년 가을

다영

우주일보

우주 경찰의 날 행사 연기
갑작스럽게 미뤄진 이유는?

제79회 우주 경찰의 날 행사가 다음 주로 미뤄졌다. 본 행사에서는 왕재미 총장이 직접 무대에 올라 표창장을 전달할 예정이었다. 소식을 전한 경찰청은 "내부 사정으로 일정이 바뀐 것"이라고 설명했다. 하지만 우주 경찰의 날은 전통적으로 지켜 온 중요한 행사이기에, 경찰청에 심각한 문제가 생긴 것이 아니냐는 의심이 커지고 있다.

점점 더 강해지는 블랙홀의 위협

우주 경찰청 긴장 상태

우주 괴물, 또다시 나타난다면?

우주 반지만이 유일한 희망

라이어타임즈

잠잠해진 개구라…
무슨 꿍꿍이가 있나?

공개 수배 중인 개구라 일당이 몇 주째 모습을 드러내지 않고 있다. 개구라 때문에 개미로 변했다고 주장하는 한 시민은 "사기 범죄가 줄어들어 기쁘지만, 아직은 마음을 내려놓을 수 없다."라고 말했다. 앞으로 개구라가 어떤 행동을 보일지 주목되는 가운데, 시민들의 불안감은 쉽게 잦아들지 않을 것으로 보인다.

기록적인 폭우!

최악의 홍수로
풍뎅이 마을이 잠겨…

때아닌 감기 유행

미어터지는 응급실,
넘쳐 나는 환자

일자리를 잃어 가는 곤충들

"곤충의 권리를 보호하라!"

생존을 위한 처절한 싸움
불평등에 맞선 외침은 계속된다

차례

꼬랑내19 바이러스의 탄생

쏴아아아.

숲속에 비가 쏟아져 내렸다. 쓸쓸하고 거무충충한 기운이 숲을 뒤덮었다. 하늘은 음산하게 얼어붙어 한 줄기의 별빛도 새어 나오지 않았다. 곳곳에 물웅덩이가 생기고 나뭇가지는 식은땀 같은 빗방울을 흘려보냈다. 세차게 퍼붓는 물줄기에 풀잎은 허리를 굽혔다.

"개굴."

어둠 속에서 커다란 눈망울의 청개구리 한 마리가 폴짝 뛰어올랐다. 이전에 왕재미의 초능력 반지를 훔쳐 간 개구라의 부하였다.

청개구리는 주위를 찬찬히 살폈다. 작은 숨소리조차 들리지 않았고 그저 빗소리만 가득했다. 청개구리는 손에 낀 개구리 반지를 문질렀다. 그러자 나무 기둥이 뒤틀리고 휘어졌던 나뭇가지들이 스르르 몸을 일으켜 새로운 길을 만들어 냈다. 개구라의 동굴로 가는 비밀 통로였다. 청개구리가 폴짝폴짝 발을 내딛자 독을 품은 식물들이 붉은빛 가루를 토해 냈다. 붉은 가루는 땅에 낙엽처럼 내려앉아 청

개구리의 걸음을 침묵으로 덮어 주었다. 청개구리는 어둠이 숨 쉬는 통로를 따라 음울한 동굴 안으로 들어갔다.

"그래, 소식은 가져왔겠지?"

왕좌에 앉아 있던 황소개구리, 개구라가 지팡이를 짚고 자리에서 일어났다. 청개구리는 머리를 숙이며 입안에 숨겨 두었던 종이를 뱉어 냈다. 양쪽에 서 있던 부하들의 눈길이 돌돌 말린 종이에 쏠렸다.

옹졸하게 생긴 부하들의 얼굴에 호기심이 가득 찼다.

“편지, 편지 옴!”

개구라가 검지손가락을 가볍게 까딱이자 종이가 눈앞으로 날아왔다. 사막여우가 감옥에서 보낸 편지였다.

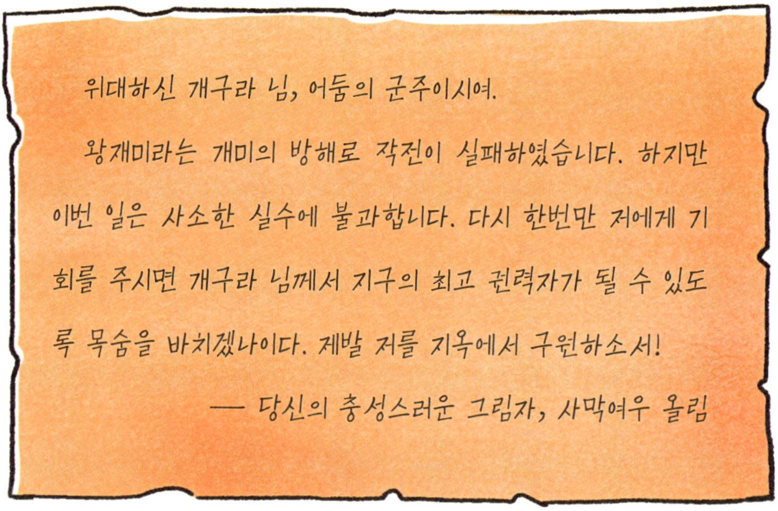

위대하신 개구라 님, 어둠의 군주이시여.

왕재미라는 개미의 방해로 작전이 실패하였습니다. 하지만 이번 일은 사소한 실수에 불과합니다. 다시 한번만 저에게 기회를 주시면 개구라 님께서 지구의 최고 권력자가 될 수 있도록 목숨을 바치겠나이다. 제발 저를 지옥에서 구원하소서!

— 당신의 충성스러운 그림자, 사막여우 올림

부하들은 바닥에 엎드린 채 숨을 죽였다. 편지를 읽어 내리던 개구라는 이를 바드득 갈며 두 눈을 치켜떴다.

“그깟 개미 하나 처리하지 못하다니. 약해 빠진 것!”

개구라는 편지를 갈기갈기 찢어 바닥에 내동댕이쳤다.

개구라의 눈이 살기로 희번덕거리자 명령이 떨어지길 기다리던 부하들은 일사불란하게 착착 무기를 챙겼다. 어영부영 멍청히 서 있다가 개구라의 눈 밖에 나면 제 명에 살아남지 못할 것이기 때문이다.

"전투, 전투 준비."

하지만 쉽사리 흐트러질 개구라가 아니었다. 개구라는 최고의 사기꾼답게 순식간에 낯빛을 바꿨다.

"그만!"

부하들은 일시에 동작을 멈췄다. 개구라는 눈을 가늘게 뜨고 아무 일도 없었던 것처럼 나지막이 말했다.

"우리가 직접 나설 필요는 없다. 진짜 싸움은 아직 시작도 안 했으니까."

부하들은 무릎을 꿇고 무기를 내려놓았다. 개구라는 차분히 눈을 감고 두 손을 둥글게 굴리며 주문을 외우기 시작했다.

"살아 있는 것도 죽은 것도 아닌, 파멸의 침입자여. 너의 모습을 드러내라!"

우주 반지에서 암흑의 빛이 쏟아졌다. 부하들은 동굴을 가득 채운 신묘한 기운에 눈을 뜰 수 없었다. 개구라는 다시 한번 손을 둥글게 굴렸다. 그러자 의문의 액체가 든 투명한 약병이 눈앞에 두둥실 떠올랐다.

"오, 훌륭해!"

약병은 맑은 유리구슬처럼 신비롭게 반짝였다. 개구라는 단단히 봉해진 병을 손에 쥐고 흡족한 미소를 지었다.

"파멸의 침입자, 바이러스여. 드디어 너를 이용할 때가 되었구나."

부하들은 바이러스라는 말에 깜짝 놀라 얼음처럼 굳어 버렸다. 바이러스는 생명체에 침투해 무서운 질병을 일으키기 때문이다. 더욱이 바이러스는 모양이나 성질이 빨리 변하는 특징이 있어 치료제를 만들어 내기 어렵다. 까딱 잘못하면 무시무시한 살생 무기가 될 게 분명했다.

"겔겔겔. 이걸 어떻게 할까나."

개구라는 교활한 미소를 지으며 재킷 주머니를 뒤적였다. 백 년 동안 한 번도 빨지 않은 수면 양말이 나왔다.

어디 한번 재밌는 놀이를 해 볼까.
풀풀
풀풀
우욱….
풀풀
콱!
우욱….
죽음의 생체 무기로다!

개구라는 꾸질꾸질한 양말 속에 바이러스 약병을 집어 넣고 입구를 묶었다.

"바이러스여, 더 강해져라!"

지팡이를 휘두르자 양말은 제자리에서 빠르게 회전했다. 어찌나 빨리 회전하던지 쳐다보던 부하들의 눈이 빙글빙글 돌 지경이었다. 얼마 지나지 않아 바이러스 약병이 양말과 합쳐져 누렇게 변했다. 바이러스에 양말 고린내 유전자가 들어간 것이다!

"좋아, 완벽해!"

개구라는 고개를 돌려 찢어진 편지를 향해 가볍게 손가락을 튕겼다. 그러자 종잇조각이 퍼즐을 맞추듯 꿈틀꿈틀 움직여 새로운 문장을 만들어 냈다. 개구라가 다시 한번 지팡이를 살짝 흔들자 날짜와 시간을 가리키는 숫자가 제멋대로 생겨나 그럴듯한 통계 자료가 됐다. 개구라는 한쪽 입꼬리를 씨익 올리며 확신에 찬 미소를 지었다.

"겔겔겔. 바이러스에 관한 가짜 통계 뉴스가 탄생했도다. 바이러스와 통계라니, 이처럼 위험한 만남이 또 있겠

느냐. 가짜 통계 뉴스는 바이러스의 공포에 휩싸인 동물들을 속이는 완벽한 도구가 될 것이다."

개구라는 바이러스 약병을 가짜 뉴스가 실린 종이로 감싸 청개구리에게 넘겼다.

"가서 세상에 널리 퍼뜨리고 오너라."

청개구리는 바이러스 약병을 물고 동굴 밖으로 폴짝폴짝 뛰어나갔다. 쏟아지는 빗방울은 한 발 한 발 내딛는 청개구리의 발자국을 흔적도 없이 지워 냈다. 청개구리는 어두운 숲속을 지나 강가로 내려갔다.

우콸콸콸.

출렁이는 강물은 폭포처럼 사나웠다. 청개구리는 바위에 올라 강물을 내려다보았다. 악마의 목구멍 같은 물살에 눈앞이 아찔했다. 청개구리는 눈을 질끈 감고 강물에 바이러스 약병을 뱉어 냈다.

"개굴."

청개구리는 동굴을 향해 서둘러 발길을 돌렸다. 바이러스는 물살을 따라 라이어 시티로 떠내려갔다.

개구라의 사기 특강

통계의 속임수

겔겔겔. 세상에는 세 가지 종류의 거짓말이 있어. 하나는 그럴듯한 거짓말, 다른 하나는 새빨간 거짓말, 마지막은 바로 통계야. 그런데 통계가 뭐냐고? 너희들이 궁금해하니 특별히 알려 줄게. 난 원래 친절하니까.

통계란 어떤 현상을 조사하고 모은 자료를 다듬어서 숫자로 표현한 거야. 세상은 통계로 가득 차 있어. 내일 비가 내릴지, 야구 선수가 홈런을 칠지, 다음 대통령은 누가 될지 예측할 때도 통계가 활용되지. 내용이 복잡한 경우 한눈에 알아보기 쉽게 그림과 그래프를 넣기도 해.

너희는 물건을 고를 때 성능이 얼마나 좋은지, 값이 얼마나 저렴한지 나타낸 자료를 보고 결정하지? 자료에 들어가는 숫자와 그래프는 항상 객관적이고 정확하다고 믿기 때문일 거야. 하지만 나처럼 똑똑한 사기꾼들은 교묘하게 다듬은 통계 자료로 속임수를 써서 뒤통수를 치지.

나는 백 년 동안 수면 양말을 세탁하는 데 물을 한 방울도 쓰지 않았어. 그야 양말을 빤 적이 없으니까 당연한 일이

양말 세탁에 사용된 수도 요금

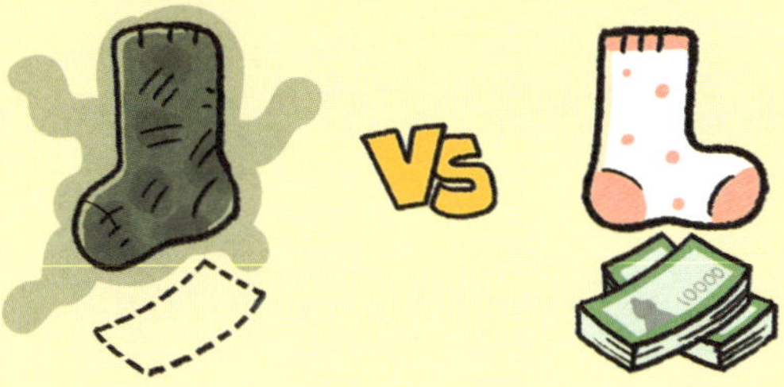

지. 하지만 나는 '수도 요금을 절약하는 수면 양말을 개발했다'라고 광고할 생각이야. 어때, 꽤 그럴싸해 보이지? 고개를 끄덕였다면 넌 통계의 속임수에 빠진 거야. 너처럼 순진한 시민들 덕분에 난 항상 돈을 쓸어 모을 수 있지.

'말 한마디에 천 냥 빚을 갚는다'는 속담, 알고 있나? 하지만 진실과 거짓을 구분하지 못하면 오히려 말 한마디로 천 냥 빚을 질 수도 있어. 그래서 주어진 자료를 그대로 믿지 말고 의심해 보는 태도가 필요한 거야.

어디서도 듣기 어려운 특급 비밀을 귀띔해 줬으니 난 이만 가 볼게. 내가 워낙 바빠서 말이지. 그럼 다음에 보자고.

씨익…
청소
용품

19가지 고린내의 정체는?

긴 장마가 이어졌다. 도로가 물에 잠기고 교통이 끊겼다. 곤충들은 밤새 비를 피해 여기저기로 옮겨 다녀야 했다. 왕재미도 주말 내내 우주선에 들어온 빗물을 퍼내느라 진땀을 뺐다. 밤새 잠을 이루지 못한 탓에 눈 밑의 다크서클이 턱 끝까지 내려올 지경이었다.

“으어어. 피곤해. 개미의 삶은 힘들구나.”

빗줄기는 새벽이 돼서야 잦아들었다. 왕재미는 졸음을 쫓아내며 크게 기지개를 켰다. 경찰들이 출근하기 전에 먼저 청소를 마쳐야 하기 때문이다. 왕재미는 거울 앞에 서서 청소복으로 갈아입고 빗자루를 챙겼다. 그러다 문득 영광스러운 우주 경찰복을 입었던 자신의 모습이 떠올라 발걸음을 떼지 못했다.

"며칠이나 지난 걸까. 나도 한때는……."

왕재미는 거울 속 자신의 모습을 천천히 들여다보았다. 남은 천을 기운 티셔츠, 나뭇잎을 얼키설키 엮은 조그만 가방, 버려진 고무 캡을 주워 만든 장화까지. 화려했던 과거가 믿기지 않을 만큼 초라하고 볼품없었다. 하지만 왕재미는 스스로를 토닥이며 속삭이듯 말했다.

"괜찮아, 좋을 때도 있고 나쁠 때도 있는 거야. 난 항상 나였어."

왕재미는 거울 속 자신을 향해 싱긋 웃어 보였다. 힘을 내기 위해 각설탕으로 배도 든든하게 채웠다. 왕재미는 상쾌한 새벽 공기를 마시며 집을 나섰다.

업무 시간이 다가오자 경찰들이 한둘씩 출근하기 시작했다. 미리 와 있는 청소부는 왕재미와 예반디뿐이었다. 왕재미는 아직 오지 않은 짱센풍뎅이를 걱정했다.

“한 번도 늦은 적이 없으셨는데……. 무슨 일일까요?”

마음 졸이는 왕재미와 달리 예반디는 평소처럼 느긋해 보였다.

“비가 와서 못 오셨나 봐요. 강물이 흘러넘치면 풍뎅이 마을 쪽 길이 막히거든요. 이따 점심시간에 같이 풍뎅이 마을로 가 볼래요?”

왕재미는 한시름 놓았다는 듯 가슴을 쓸어내렸다.

“아, 장마철엔 종종 그런가 보네요. 좋아요! 이따 같이 찾아가요.”

둘은 짱센풍뎅이의 빈자리를 채우기 위해 부지런히 움직였다. 왕재미는 빗자루로 빗물을 한데 모았고, 예반디는 오목한 꽃잎을 바가지 삼아 물을 퍼냈다.

경찰들은 여느 때와 같이 신고를 받고 현장에 출동하길 반복했다. 홍수로 인한 구조 작업으로 바쁘긴 했지만, 요

며칠 사기꾼들이 잠잠한 덕분인지 얼굴에 여유가 가득해 보였다. 뉴스도 길게 이어진 장마로 때아닌 감기가 돌고 있다는 소식 정도가 다였다. 왕재미는 개구라가 잘못을 깨닫고 죄를 뉘우치는 모습을 떠올리며 희망에 부풀었다.

'빼앗긴 우주 반지를 곧 되찾을 수 있을지도 몰라!'

하지만 행복한 상상도 잠시, 한쪽 구석에서 일하던 개코원숭이 경찰관이 콧구멍을 씰룩이며 비명을 내질렀다.

"오오, 오아아아! 이게 무슨 냄새야!"

경찰들은 서로의 얼굴을 쳐다보며 어리둥절해하더니 눈썹을 들썩이며 냄새의 원흉을 찾기 시작했다.

"지금 나 의심하는 거야? 난 아니야!"

"나? 왜 이래. 나도 아니야!"

한때 방귀 대장으로 불리던 하마 경찰관도 이번엔 정색했다.

"이봐, 난 소리 소문 없이 뀌는 비겁한 짓은 안 해."

경찰들이 웅성대는 사이 개코원숭이는 자리에서 뛰쳐나가 연거푸 콧바람을 뿜어 댔다.

“흐응응! 흐응!”

개코원숭이가 고개를 세차게 흔들자 코에서 작은 무언가가 튀어나왔다. 먼지떨이를 든 예반디였다. 구석구석 정신없이 청소하다가 그만 개코원숭이의 코에 들어가 버린 것이다.

“아니, 이게 무슨 실례예요!”

개코원숭이는 주먹만 한 콧구멍을 벌름거리며 씩씩댔다. 예반디는 두 손 모아 용서를 빌었다.

죄송해요. 코가 너무 커서 콧구멍인 줄 모르고….
아무리 개똥벌레라도 그렇지, 그 끔찍한 냄새는 대체 뭔데요?
쯧쯧. 언젠가 이런 일이 일어날 줄 알았어.
청소는 귀찮고 불편하기만 해.
맞아. 지저분한 게 자유롭고 좋아.
안 닦고 안 씻는 게 최고야.
여기서 일하니까 뭐라도 되는 줄 아는가 본데…. 주제 파악 좀 하세요.
제발.
휙

개코원숭이의 말은 날카로운 가시처럼 날아왔다. 예반디의 눈에 눈물이 그렁그렁했다. 경찰들은 놀리기라도 하듯 쓰레기를 휴지통에 넣지 않고 바닥에 휙휙 던졌다. 점심시간이 될 때까지 아무런 사과도 없었다.

"청소를 안 하니까 편하구먼."

"그러게. 진즉 이럴 걸 그랬어."

왕재미는 빗자루를 내던지고 비아냥거리는 경찰들을 향해 걸어갔다.

"못 참겠어요. 우리가 이런 취급을 받을 순 없어요!"

예반디는 왕재미의 팔을 붙잡으며 사정했다.

"전 괜찮아요. 그러니까…… 싸우지 말아요."

예반디의 눈에 진심이 어려 있었다. 마음 착한 예반디는 왕재미를 위해 분위기를 바꿔 생긋 웃어 보였다.

"휴, 어쩐지 퀴퀴하고 치울 게 많더라니……. 콧구멍일 줄 누가 알았겠어요, 그죠?"

왕재미는 개코원숭이의 콧속에서 낑낑댔을 예반디를 떠올렸다. 그러자 눈치 없이 "풉!" 하고 웃음이 터져 나왔

다. 예반디는 청소 도구함을 정리하며 말했다.

"이제 슬슬 마무리하고 풍뎅이 마을로 나가 볼까요?"

왕재미와 예반디는 경찰서 밖으로 나왔다. 고개 너머에 있는 풍뎅이 마을까지 걸어가려면 발걸음을 서둘러야 했다. 둘은 비탈진 고개를 지나 풍뎅이 마을로 향했다.

“이런, 강물이 마을을 덮친 모양이네요.”

왕재미는 쑥대밭이 된 마을의 모습을 보고 흠칫 놀랐다. 강물이 빠지긴 했지만 쓸려 온 흙더미 때문에 도로가 흔적도 없이 사라졌고, 오래된 집들이 무너져 마을 전체가 아수라장이었다.

주민들은 대피소라고 적힌 작은 천막에 옹기종기 모여 비상식량으로 간신히 끼니를 때우고 있었다. 밤새 비를 맞아 감기에 걸렸는지 기침 소리가 끊이지 않았고 일부는 펄

펄 끓는 열에 시름시름 앓고 있었다. 하지만 흔한 감기라고 여기기엔 조금 특이한 증상이 있었다.

"으윽, 고린내 때문에 숨을 쉴 수가 없어."

"하아. 코에 썩은 양말을 갖다 댄 것 같아."

"이게 웬 마른하늘에 발냄새야."

"아이고, 이러다 죽겠네."

놀랍게도 병에 걸린 환자들은 건강한 동물들이 맡지 못하는 정체불명의 냄새에 시달렸다. 비에 휩쓸려 온 찌꺼기 때문이라고 넘겨짚기 어려울 만큼 고통스러워했다. 심지어 나이 든 어르신들은 고약한 냄새 때문에 의식을 잃고 응급실로 옮겨졌다.

"여러분. 비켜요, 비켜! 생명이 위독합니다!"

예반디는 구급차에 실려 가는 환자들을 보며 당혹스러움을 감추지 못했다.

"단순한 감기라고 하기엔 너무 심각한데요? 고린내를 맡는 것도 감기 증상인가요?"

왕재미는 의아한 표정으로 고개를 갸웃했다.

"아니요. 숨을 쉬지 못할 정도의 고린내를 맡는다는 말은 처음 들어 봐요."

왕재미와 예반디가 심란해하던 그때, 일행은 대피소로 약 상자를 나르던 짱센풍뎅이와 마주쳤다. 짱센풍뎅이는 손을 흔들며 반가워했다.

"엇! 왕재미 님! 예반디 님!"

예반디는 짱센풍뎅이의 안부부터 살폈다.

"걱정돼서 찾아왔어요. 어디 아픈 데는 없죠?"

짱센풍뎅이는 뒤통수를 긁으며 말했다.

"네, 아무 말도 없이 빠져서 죄송해요. 차마 아픈 주민들을 두고 출근할 수 없었어요."

왕재미는 이해한다는 듯 고개를 끄덕였다.

"아니에요. 저라도 그랬을 거예요. 다들 많이 아파 보이는데 정말 감기가 맞나요?"

"저도 잘 모르지만 뉴스에서 감기라고 하더라고요."

짱센풍뎅이는 대피소 천장에 달린 TV를 가리켰다. 마을을 덮친 감염병을 알리는 뉴스였다.

빰빠빠 빠라라~
장마가 지난 뒤 때아닌 감기가 유행하고 있습니다.
박쥐 보건소장님과 자세한 이야기 나눠 보겠습니다.
끄덕 끄덕
미어TV
바이러스
미어TV 속보
하룻밤 새에 감기 환자가 크게 늘었습니다.
퍼지는 속도가 심상치 않은데요. 주요 증상을 설명해 주시죠.
이번 감기의 증상으로는 기침, 고열, 19가지의 고린내 맡기가 있습니다.
박쥐 소장
고린내 맡기라니, 정말 끔찍하군요.
사망자 수는 어떻게 되나요?
아직 10명도 안 됩니다. 지난해 독감 사망자 수에 비하면 매우 적은 수준입니다.

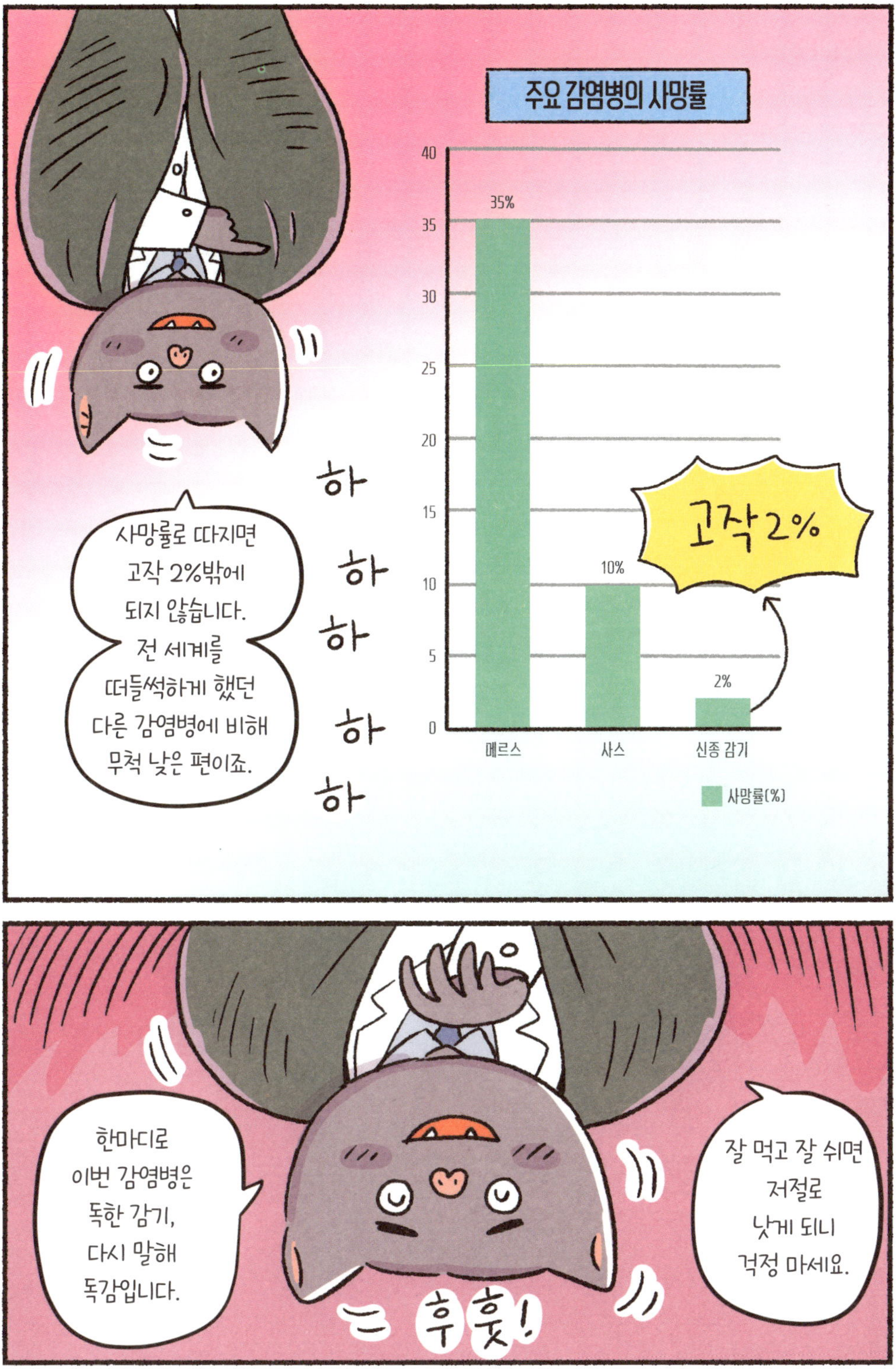
주요 감염병의 사망률
40
35
30
25
20
15
10
5
0
35%
10%
2%
메르스
사스
신종 감기
사망률(%)
고작 2%
하
하
하
하
하
사망률로 따지면 고작 2%밖에 되지 않습니다. 전 세계를 떠들썩하게 했던 다른 감염병에 비해 무척 낮은 편이죠.
잘 먹고 잘 쉬면 저절로 낫게 되니 걱정 마세요.
한마디로 이번 감염병은 독한 감기, 다시 말해 독감입니다.
후훗!

뉴스를 본 왕재미는 혼란스럽기 그지없었다.

"감기와 독감을 같은 질병으로 뭉뚱그리다니! 뭔가 이상하지 않아요? 감기와 독감은 각각 다른 종류의 바이러스 때문에 생기는 서로 다른 질병이잖아요."

하지만 짱센풍뎅이와 예반디는 박쥐 소장의 의견 쪽으로 마음이 기운 모양이었다.

"그렇긴 한데……. 그래프를 보면 맞는 말 같아요."

"제 생각도 그래요. 사망률을 저렇게 구체적으로 얘기하는 걸 보면 거짓말은 아닌 것 같아요."

아무리 생각해도 이상한 일이었다. 시민들은 죽어 가고 있는데 뉴스에서는 가벼운 감기라고 하니 무엇이 진실인지 도통 갈피를 잡을 수 없었다. 하지만 복잡한 숫자로 꾸민 그럴듯한 꼼수에 넘어갈 왕재미가 아니었다. 왕재미는 인터뷰 내용을 천천히 곱씹었다.

'박쥐 소장은 2%의 사망률이 별거 아닌 것처럼 말했어. 그런데 독감의 사망률도 원래 이 정도였나? 독감 사망률이 얼마였더라…….'

그 순간 왕재미의 머리 위에 전구가 켜졌다.

"그래! 바로 그거였어!"

짱센풍뎅이와 예반디의 눈이 왕재미를 향했다. 왕재미는 잘못된 점을 조목조목 따지기 시작했다.

"뉴스에서는 '사망률이 고작 2%밖에 되지 않는다'라고 했어요. 하지만 지난해 독감의 사망률은 그보다 훨씬 낮은 0.03~0.08%였어요. 2%는 절대 얕볼 수 없는 수치예요.

과연 박쥐 소장의 말을 믿고 안심해도 되는 걸까요?"

짱센풍뎅이는 깨달음을 얻은 듯 "아!" 하고 탄성을 내뱉었다. 왕재미는 설명을 이어갔다.

"게다가 매년 크게 유행하는 독감과 이제 막 생겨난 감염병의 사망자 수를 비교하는 건 말도 안 돼요."

예반디도 두 손을 맞잡으며 고개를 끄덕였다.

"오호라, 생각해 보니 진짜 그러네요!"

왕재미는 불길한 예감을 감출 수 없었다.

"어쩌면 이 감염병은 전에 없던 새로운 종류일지도 모르겠네요. 이대로 주민들을 내버려 두면 더 많은 환자가 생겨날 거예요. 지금 막지 않으면 두 번 다시 돌이킬 수 없어요!"

예반디는 침을 꿀꺽 삼키며 긴장된 목소리로 물었다.

"그, 그럼 이제 우리는 어쩌면 좋죠?"

"환자들을 다른 곳으로 옮기고 보건소에 빨리 이 사실을 알려야 해요."

왕재미의 말에 짱센풍뎅이가 나섰다.

"대피소는 제가 맡을게요. 힘쓰는 일은 제가 잘할 수 있어요."

짱센풍뎅이는 주민들 사이의 간격을 넓히고 서로 거리를 두도록 이끌었다.

"여러분, 양옆으로 서로서로 거리를 넓혀 주세요! 환자들은 따로 마련된 공간으로 이동할게요. 네, 아주 좋아요!"

한편 왕재미와 예반디는 보건소로 향했다. 왕재미는 터덜터덜 걸어가는 예반디를 붙잡고 멋지게 교통 카드를 내보였다. 예반디는 손뼉을 치며 기뻐했다.

"우아, 교통 카드를 챙겨 오셨군요! 고마워요. 덕분에 빨리 갈 수 있게 됐어요."

"뭐, 이 정도는 기본이죠."

버스에 오른 왕재미는 박력 있게 카드를 찍었다. 그런데 하필 잔액이 부족했다. 왕재미는 얼굴이 벌게져 혹시나 있을지 모르는 현금을 찾아 주머니를 뒤적였다. 주머니에는 간식으로 챙겨 둔 각설탕만 있었다.

"이, 이거라도……."

왕재미는 울 것 같은 표정으로 버스 기사에게 각설탕을 조심스럽게 내밀었다. 친절한 버스 기사는 너털웃음을 터트리고는 왕재미와 예반디를 버스에 무료로 타게 해 주었다. 버스는 문을 닫고 다음 정류장으로 향했다.

똑똑.

왕재미와 예반디는 보건소 문을 두드렸다. 하지만 출입문은 굳게 잠겨 있었다. 예반디는 발을 동동 굴렀다.

"아무도 없나 봐요. 어떡하죠?"

왕재미는 창문틀에 올라서서 안을 살폈다. 마침 사무실 구석으로 박쥐 소장의 그림자가 쓱 지나가는 게 보였다.

"오, 박쥐 소장이 안에 있어요!"

예반디도 창문에 매달려 그림자를 확인했다.

"휴, 다행이다. 얼른 들어가요!"

왕재미와 예반디는 힘껏 창문을 열었다. 막상 안으로 들어와 보니 박쥐 소장은 그새 어디로 가 버렸는지 코빼기도 보이지 않았다. 예반디는 책상에 수북이 쌓인 서류를 가리켰다.

"책상에 보고서가 한가득이에요. 저희 말고도 이미 누군가가 보고했나 봐요."

"보고서요?"

왕재미는 혹시나 하고 제목을 확인했다. 보고서에는 '신종 꼬랑내19 발생 위기'라고 적혀 있었다. 한 장 한 장 보고서를 넘기는 왕재미의 손이 파르르 떨렸다. 마을에 퍼진 바이러스는 감기가 아닌 공포의 질병, 신종 꼬랑내19였던 것이다! 박쥐 소장은 이 사실을 알고도 일부러 숨기려고 했다.

"예반디 님, 이거 보세요! 박쥐 소장이 일부러 시민들을 속이고 가짜 뉴스를……."

왕재미가 예반디에게 보고서를 보여 주려던 순간이었다. 머리 위로 뭔가 쓱 다가오는 듯한 느낌이 들어 고개를 드니, 소리 소문 없이 나타난 박쥐 소장이 예반디를 손아

귀에 쥔 채 표독스럽게 웃고 있었다.

“다시 한번 말해 봐. 내가 뭘 어떻게 했다고?”

박쥐 소장의 손가락에 개구리 반지가 빛났다. 천장에 붙은 박쥐 소장은 손에 힘을 주어 예반디의 몸을 꽉 조였다. 예반디는 숨을 쉴 수 없어 허우적댔다. 커다란 두 눈은 절박함으로 가득 찼다.

왕재미는 심장이 쿵 내려앉았다. 마법의 빗자루가 닿지 않으니 우두커니 서 있는 허수아비가 된 것 같았다.

"제, 제발 예반디 님을 놓아 주세요! 제발……."

왕재미는 박쥐 소장에게 애원했다. 박쥐 소장은 입꼬리를 씰룩이며 비웃었다.

"아무렴 그래야지. 네까짓 게 뭘 할 수 있겠어. 이 녀석을 구하고 싶으면 빗자루를 내놔!"

왕재미의 손에 식은땀이 맺혔다. 예반디는 끙끙대며 고개를 흔들었다.

"넘겨주면 안 돼요……. 안 돼!"

박쥐 소장은 예반디를 잡아먹을 듯이 쏘아보며 날카로운 이빨을 번뜩였다. 예반디의 얼굴이 핏기 없이 창백해졌다.

왕재미는 할 수 없이 빗자루를 내려놓고 조용히 두 손을 들었다. 빗자루가 없으면 우주 반지를 되찾는다는 희망도 사라질지 모른다. 하지만 이 순간 예반디의 목숨보다 중요한 건 없었다.

"좋아, 잘 생각했어."

아아….
안 돼!
콧구멍 속으로!
윽!
쏙
이게 무슨 냄새지?
서, 설마… 꼬, 꼬랑내19?
솔
솔

자신이 꼬랑내19에 걸렸다고 착각한 박쥐 소장은 날개를 파닥이며 절규하다가 땅으로 추락했다.

“으아아아악! 안 돼! 끔찍한 고린내!”

왕재미는 찾아온 기회를 놓치지 않았다. 얼른 빗자루를 집어 들고 변신 주문을 외웠다.

“혈관을 따라 흐르는 전율. 손끝까지 전해지는 파동. 간지럼이여, 나에게 위대한 힘을!”

허름했던 빗자루는 튼튼한 고급 깃털 펜처럼 풍성해지고, 왕재미의 청소복은 빛나는 경찰복으로 바뀌었다.

“나와라! 간질간질 공격!”

왕재미는 빗자루로 박쥐 소장의 겨드랑이와 발바닥을 마구 간질였다.

“깔깔깔깔! 제발 그만해!”

박쥐 소장은 폭소를 터뜨리며 몸부림쳤다. 그 바람에 손가락에서 개구리 반지가 쏙 빠져 버렸다. 떨어진 반지는 빛을 잃고 재가 되었다.

“으윽, 내가 지금 꿈을 꾸고 있는 건가…….”

박쥐 소장은 어지러운 듯 신음을 토했다. 왕재미는 박쥐 소장에게 개구리 반지의 진실을 이야기해 주었다.

“소장님은 개구라에게 사기를 당해 가짜 뉴스를 퍼뜨리셨어요. 개구라의 반지를 끼면 조종당하게 되거든요.”

박쥐 소장은 땅이 꺼져라 깊은 한숨을 내쉬었다.

“하, 이럴 수가……. 개구라가 저를 꼬랑내19를 퍼뜨린 최초의 동물로 몰아세우겠다고 협박했어요. 반지만 끼면 더 이상 괴롭히지 않겠다고 약속했는데……. 전부 거짓말이었군요.”

박쥐는 몸속에 여러 가지 바이러스가 있어서 온갖 감염병의 중심에 있다는 누명에 시달리곤 한다. 동물들은 쉬쉬하면서 알게 모르게 박쥐를 꺼려해 왔다. 개구라는 박쥐 소장의 불안하고 외로운 마음을 교묘히 이용했던 것이다.

"가짜 뉴스까지 퍼뜨렸으니 박쥐에 대한 시선이 더 안 좋아지겠죠……. 멀리 도망가면 될까요? 신종 감염병이 나타날 때마다 모두 저를 의심해요. 동물들이 아픈 게 다 제 탓이래요. 남에게 피해 주지 않고 이 자리에 오르기까지 얼마나 열심히 살았는데……."

박쥐 소장은 가짜 뉴스를 퍼뜨렸다는 죄책감에 시달리면서도 꼬랑내19를 발생시킨 최초 감염원으로 손가락질당할까 봐 두려워했다. 왕재미는 홀로 끙끙대는 박쥐 소장이 안쓰러웠다.

"박쥐는 잘못이 없어요. 박쥐들의 보금자리를 파괴한 자들이 잘못이죠. 고향을 잃고 여기저기 쫓겨 다니는 바람에 일부 바이러스가 다른 동물에게 퍼지게 된 것뿐이니까요. 박쥐들이 피해를 보지 않도록 잘못된 오해를 바로잡아야 해요!"

박쥐 소장은 희미하게 떨리는 목소리로 물었다.

"정말 그럴 수 있을까요? 이제 전 어떡하죠?"

예반디는 박쥐 소장에게 다가가 간곡히 부탁했다.

"꼬랑내19가 어떤 감염병인지, 어떻게 전파되었는지, 박쥐에 대한 오해가 무엇인지 세상에 말해 주세요. 소장님의 한마디로 수많은 동물의 생명을 구할 수 있어요."

박쥐 소장은 어깨에 실린 책임감을 느꼈다. 어려워도 한 번 용기를 내 보기로 결심했다.

"알겠어요. 제가 나서 볼게요."

박쥐 소장은 보고서를 챙겨 꼬랑내19에 관해 공식적으로 발표했다.

"시민 여러분, 최근 유행하는 감염병은 단순 감기가 아닌 꼬랑내19라는 신종 감염병임을 말씀드립니다……."

각종 방송사에서는 가짜 뉴스를 바로잡고 신종 감염병에 대한 뉴스를 내보냈다.

'꼬랑내19' 감염병 확산!

단순 감기가 아냐…

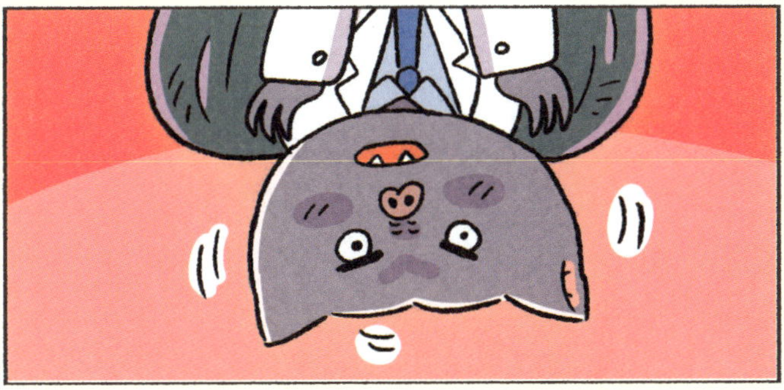

정부는 최근에 퍼진 감염병이 기존의 감기나 독감이 아닌 '꼬랑내19'라고 밝혔다. 꼬랑내19는 꼬랑내 바이러스에 의해 생겨난 신종 감염병으로, 고열, 기침, 목 따가움과 같은 증상 외에도 19가지 고린내를 맡는다는 특징이 있다.

꼬랑내19를 뒤늦게 보고한 박쥐 보건소장은 "꼬랑내19 바이러스는 퍼지는 속도가 매우 빠르며, 작은 침방울으로도 감염될 수 있어 청소와 위생 관리가 중요하다"고 밝히며 꼬랑내19의 위험성과 예방법을 설명했다.

한편 어떤 동물이 최초로 감염되었는지에 관한 의견이 분분한 가운데, 박쥐 소장은 "특정 동물을 겨냥한 추측을 멈춰 달라"고 부탁했다. 하지만 최초 감염원에 대한 관심이 커지고 있어 논란은 계속될 것으로 보인다.

라이어 시티 경찰서는 예전과 달리 청소를 중요하게 여기기 시작했다. 손 씻기, 알코올로 소독하기는 중요한 생활 규칙이 됐다. 아침까지만 해도 지저분한 게 좋다고 말하던 경찰들은 모두 입을 쏙 집어넣을 수밖에 없었다.

"오늘부터 깔끔한 걸 좋아하게 됐어요."

"제발 제 자리도 소독해 주세요."

경찰들은 청소부들의 실수에도 너그러워졌다. 왕재미가 경찰들의 이름표를 박박 닦다가 일부가 떼어져 개코원숭이가 개그원숭이, 토끼가 도끼, 백조가 빅조로 불리는 사고가 일어나도 경찰들은 그저 싱글벙글하며 고마워할 따름이었다.

"수고가 많으시네요. 고맙습니다."

"힘든 일이 있으면 언제든 말씀하세요."

예반디를 무례하게 대했던 개코원숭이도 잘못을 뉘우치며 연거푸 고개를 숙였다.

"아침엔 제가 말을 너무 심하게 했죠? 정말 죄송해요. 제 이름이 개그원숭이가 되었지만 깨끗하게 소독되어 마음에 드네요. 앞으로도 꼼꼼하게 청소해 주시길 부탁드려요."

곤충 청소부들은 당당히 어깨를 펴고 두 팔을 걷어붙였다. 정성이 담긴 청소는 케케묵은 오해와 의심을 씻어 냈다. 열심히 걸레질하던 왕재미는 고개를 들어 구슬땀을 닦았다.

'개구라가 칼을 뽑아 든 이상 더 험난한 일들이 일어나겠지. 가짜 뉴스는 칼이나 총보다 더 무서운 무기가 될 테니까. 하지만 나는 지구를 지켜 내고야 말겠어.'

왕재미는 맑게 갠 하늘을 올려다보며 다시 한번 결심을 되새겼다. 모두를 공포에 몰아넣을 감염병에 관한 가짜 뉴스 전쟁이 시작되었다.

왕재미의 수사 일지

초점의 함정

통계의 목표 중 하나는 정확하고 확실한 정보를 제공하는 거야. 하지만 같은 통계 자료라도 누가 어디에 초점을 맞춰 해석하느냐에 따라 다양한 의미로 풀이될 수 있어.

예를 들어 라이어 시티의 꼬랑내19 환자가 1명에서 2명으로 늘었다고 해 보자. 이를 바라보는 입장에 따라 서로 다른 두 가지 기사가 나올 수 있어.

꼬랑내19 환자
2배로 늘어…
불안에 떠는 시민들

꼬랑내19 추가 환자
단 1명…
여전히 안정적인 상황

어때? 두 기사가 정반대로 얘기하고 있지? 왼쪽 기사는 사람들의 공포심을 불러일으켜 기사 조회 수를 올릴 수 있어. 반대로 오른쪽 기사는 상황을 안정적으로 보여 줘서 시민들의 불안을 낮추는 효과를 낼 수 있지. 그렇다고 해서 왼쪽 기사가 나쁘고, 오른쪽 기사가 좋다는 뜻은 아니야. 누군가 감염병의 위험성을 일부러 숨기려고 할 경우, 꼭 필요한 예방 조치나 대응이 늦어지게 돼. 마치 박쥐 소장이 그랬던 것처럼 말이야.

박쥐 소장은 '꼬랑내19의 사망률은 2%밖에 되지 않아서 위험하지 않다.'라고 주장하여 시민들을 안심시켰어. 하지만 꼬랑내19 바이러스는 전파력이 강해서 여느 감염병보다 더 위험해. 질병의 위험성을 사망률만으로 평가할 순 없는 거지.

이처럼 통계가 누군가의 생각과 목적을 담을 수 있다는 점을 알아야 잘못된 해석을 바로잡고 우리의 안전을 지킬 수 있어.

5G 저주의 진실은?

“아이고, 바쁘다 바빠.”

빗자루를 든 왕재미가 경찰서를 이리저리 뛰어다녔다. 감염병이 퍼진 후 청소 일이 늘었기 때문이다. 가림막 닦기, 문고리 소독하기, 수시로 창문 열기 모두 왕재미의 몫이었다.

어떤 날은 경찰들 키보드를 쓱쓱 닦다가 ‘뿡’이라는 글자를 잘못 눌러 버렸다. 하지만 경찰들은 그런 실수까지도 고마워하며 따뜻한 미소를 보냈다.

“괜찮아요. 열심히 청소하다 보면 그럴 수도 있죠. 이런 실수는 언제나 환영이에요!"

업무가 밀리고 있습니다. 다들 오늘까지 보고서 올리세요.

다른 의견이 없다면 오늘 모두 야근하는 걸로 알겠습니다.

오후 4:10

뿡

오후 4:12

"긴급입니다. 다들 회의실로 모이세요."

바버리 서장이 회의를 열었다. 경찰들이 자리에 앉자 서장이 탁자 위에 종이 신문을 펼쳤다. 왕재미는 살금살금 회의실에 들어가 탁자 밑에 숨었다.

바버리 서장은 주머니 속에서 스마트폰을 꺼내 화면을 톡톡 가리켰다.

"잠시 주목해 주세요. 여기 화면 위쪽에 '5G'(파이브지)라고 적힌 게 보이시죠? 5G는 많은 양의 데이터를 빠르게 전송할 수 있는 최첨단 이동 통신 기술입니다. 그런데 이 기술이 꼬랑내19를 퍼뜨린다는 소문이 돌고 있어요."

장난하신문

5G, 꼬랑내19를 퍼뜨리는 악마의 저주인가?

최근 5G에 사용되는 전자파가 꼬랑내19 바이러스를 퍼뜨린다는 주장에 힘이 실리고 있다. 꼬랑내19가 퍼진 지역이 5G 기지국의 서비스 지역과 똑같다는 사실이 밝혀졌기 때문이다.

그뿐만 아니라 꼬랑내19가 처음 생겨난 시기가 세계 곳곳에 5G 기지국이 세워진 시기와 겹친다는 점도 새롭게 드러났다.

전자파 퇴치 위원장 사향고양이는 "꼬랑내19 바이러스는 5G를 타고 퍼진다. 우리 집 가족 넷 중에 5G를 사용하는 동생만 꼬랑내19에 걸렸다."라며 5G 기능이 있는 휴대폰을 계속 쓸 경우, 100% 감염된다고 주장했다.

현재 꼬랑내19 환자가 빠르게 늘고 있어, 이를 막기 위한 적극적인 움직임이 필요할 것으로 보인다.

"5G에 사용되는 전자파가 꼬랑내19 바이러스를 퍼뜨린다는 게 확실시되고 있어요."

바바리 서장의 말에 경찰들은 허겁지겁 휴대폰을 꺼내 5G 모드를 껐다.

"헉! 벌써 감염된 건 아니겠지?"

"후훗, 난 이럴 줄 알고 알코올 솜으로 휴대폰 액정을 소독했지!"

"역시 미래를 내다보는 능력이 뛰어나구먼. 다 썼으면 한 장만 빌려 줘!"

"나도, 나도!"

경찰들은 알코올 솜을 차지하려고 아웅다웅했다. 바바리 서장은 미간을 찌푸리며 책상을 쾅쾅 두드렸다.

"그만, 그만! 지금 그게 중요한 게 아니에요!"

경찰들은 멋쩍게 헛기침을 하며 제자리로 돌아갔다. 바바리 서장은 뉴스에 달린 댓글을 가리켰다.

"뉴스를 본 시민들의 반응이 심상치 않습니다. 폭력 사고가 일어날 수도 있어요."

↳ 후덜덜. 휴대폰에서 바이러스가 튀어나오면 어떡해?

↳ 내 친구 누나의 사촌의 형의 엄마가 엄청 유명한 과학자인데, 기지국에서 일부러 바이러스를 보내고 있다고 했음.

↳ 어이없네. 우리가 뭘 잘못했다고 이러는 거야?

↳ 당장 기지국을 파괴하자!

↳ 111

↳ 222222 가자! 가자!

"오늘 시위대가 통신사 기지국을 덮칠 거라는 소식이 들어왔어요. 자칫하면 많은 시민이 다칠 수 있으니 단단히 준비해야 합니다. 자, 준비되는 즉시 출동!"

회의를 마치자 경찰들이 우르르 빠져나갔다. 왕재미는 탁자 위로 올라와 바바리 서장이 펼쳐 놓은 신문을 읽었다. 그럴듯하면서도 미심쩍은 뉴스였다.

'흠, 뭔가 찜찜한데……. 자세히 알아봐야겠어.'

예반디와 짱센풍뎅이가 회의실로 들어왔다. 둘은 비상 근무에 들어간 경찰들을 돌아보며 물었다.

"다들 특수복으로 갈아입고 있던데 무슨 일인가요?"

"바이러스가 5G의 전자파를 타고 퍼진다는 뉴스 때문에 난리가 난 모양이에요."

예반디는 흥미로운 듯 기사를 자세히 살펴보았다.

"아하, 바이러스가 전자파를 타고 퍼지는 거였군요!"

짱센풍뎅이가 의심스러워하며 눈썹을 찌푸렸다.

"아니에요. 전자파는 에너지잖아요. 바이러스가 눈에 보이거나 만질 수도 없는 에너지를 타고 퍼지는 건 말이 안 되죠. 그게 가능했다면 우리도 자동차 대신 전자파를 타고 다니지 않았을까요? 게다가 바이러스는 스스로 움직일 수 없으니 더욱 말이 안 되는 거고요."

"헛! 바이러스가 스스로 못 움직인다고요?"

"네, 제가 알아본 바로는 그래요. 바이러스는 감염자의 침이나 눈물 같은 액체가 직접 닿거나, 바이러스가 묻은 손으로 눈, 코, 입을 만질 때 감염돼요. 기침이나 재채기를 할 때 나오는 작은 침방울을 타고 날아가 퍼질 수도 있어요."

예반디는 고민되는 듯 팔짱을 끼며 고개를 갸웃거렸다.

"하지만 정식으로 신문에 실린 기사인데, 설마 꾸며 낸 얘기는 아니겠죠. 게다가 5G 서비스 지역과 꼬랑내19가 퍼진 지역이 겹쳤으니까 나름 일리가 있는 것 같은데요?"

술술 얘기하던 짱센풍뎅이는 말문이 막힌 듯 왕재미 쪽을 쳐다보았다. 왕재미는 이마를 긁으며 난처한 표정을 지었다. 삼총사 사이에 잠시 침묵이 맴돌았다.

왕재미는 생각에 생각을 반복했다.

'5G 서비스 지역과 꼬랑내19가 퍼진 지역이 일치해. 두 지역의 공통점이 뭐지? 그건 아마…….'

눈을 감자 북적북적한 거리를 걸어 다니며 5G 휴대폰을 사용하는 동물들과 병원에 몰려든 꼬랑내19 환자들의 모습이 펼쳐졌다.

"아, 알았어요! 기사는 끼워 맞추기식 가짜 통계예요!"

왕재미는 별안간 무릎을 탁 쳤다. 짱센풍뎅이와 예반디의 눈이 번쩍 뜨였다.

왕재미는 기사를 한 줄 한 줄 짚어 가며 설명했다.

"5G 기지국은 주로 동물들이 많이 사는 도시에 세워져요. 꼬랑내19도 동물들이 빽빽하게 모여 사는 곳에 빠르게 퍼지고요. 그래서 두 지역이 겹친 거예요."

"아하! 그런 공통점이 있었군요! 두 지역이 서로 특별하게 엮인 것처럼 억지로 끼워 맞춘 거네요."

"확률도 엉터리로 지어냈어요. 달랑 사향고양이네 가족 네 명을 조사한 결과를 진실처럼 떠벌렸어요."

왕재미의 설명에 짱센풍뎅이도 가짜라는 걸 확신했다.

"생각해 보니 풍뎅이 마을에 5G 기지국이 세워진 건 작년이었고, 바이러스가 퍼진 건 고작 며칠 전이에요. 두 시기가 겹친다는 것도 거짓말이네요."

모든 사실을 깨달은 예반디는 주먹을 꽉 쥐었다.

"하마터면 가짜 뉴스에 넘어갈 뻔했어요. 이렇게 시민

들을 교묘하게 속이다니 화가 나서 참을 수 없어요."

왕재미는 장난하신문의 모든 기사를 유심히 살폈다. 역시나 신문 전체가 가짜 뉴스로 도배되어 있었다.

"지금 당장 신문사를 찾아가야겠어요. 더 이상 가짜 뉴스가 퍼지지 않도록 막아야 해요!"

왕재미는 인터넷에 신문사의 주소를 검색했다. 주민들의 발길이 닿지 않는 한적한 시골에 있었다. 곤충들은 곧장 경찰서를 나서서 신문사로 가는 버스에 올랐다.

어느덧 해가 지고 어둠이 내렸다. 버스에서 내려 도착한 곳은 간판 없는 작은 주택이었다.

"여기에요!"

벽은 오래된 세월을 견딘 듯 여기저기 갈라지고 이끼가 껴 있었다. 마당에는 아무도 거닐지 않은 것처럼 잡초가 마구 자라 있었다. 거미줄이 쳐진 문은 단단히 잠긴 채 녹

슬어 있었다. 셋은 서로 눈빛을 주고받으며 조심스럽게 창문틀로 기어올랐다.

"크아아앙!"

창문을 열자 어둠 속에서 붉은 눈동자가 번뜩였다. 눈동자는 기다리고 있었다는 듯이 셋을 무섭게 노려 보았다. 왕재미와 친구들은 너무 놀라서 심장이 튀어나올 뻔했다.

"허억!"

별빛에 검은 그림자가 드러났다. 매서운 눈빛의 주인은 개구리 반지를 낀 사향고양이였다. 사향고양이는 날카로운 발톱을 사납게 휘둘렀다.

"잘 찾아왔구나. 너희를 지옥으로 보내 주마!"

짱센풍뎅이는 기다란 뿔을 치켜들고 가까이 다가갔다. 하지만 사향고양이는 날렵하게 움직이며 짱센풍뎅이를 찍어 누를 듯이 앞발을 높이 들어 올렸다.

"안 돼!"

예반디가 쌩 날아가며 짱센풍뎅이의 옆구리를 밀쳐 구해 주었다. 하마터면 송곳 같은 발톱에 찍힐 뻔했다. 왕재미는 빗자루를 높이 들고 변신 주문을 외웠다.

“혈관을 따라 흐르는 전율. 손끝까지 전해지는 파동. 간지럼이여, 나에게 위대한 힘을! 받아라, 간질간질 공격!”

변신을 마친 왕재미가 우다다다 달려갔다. 하지만 사향고양이는 왕재미의 기술을 다 알고 있는 것처럼 빗자루 공격을 요리조리 잘도 피했다.

“크아앙! 크아!”

사향고양이가 도끼를 휘두르듯 날카로운 앞발을 날렸다. 발톱이 스치는 곳마다 깊게 패여 날 선 자국이 남았다. 찢어질 듯이 날카로운 소리가 귓가를 스치자 온몸에 소름이 돋았다. 위기를 느낀 셋은 구멍이 난 콘크리트 벽 틈으로 기어 들어가 건물 밖으로 도망쳤다.

“하아, 하아. 가까이 다가갈 수조차 없어요…….”

짱센풍뎅이는 땀을 닦으며 숨을 몰아쉬었다. 예반디는 다리에 힘이 풀렸는지 바닥에 털썩 주저앉았다.

“아무것도 못 하겠어요. 우리가 너무 작고 약해서 안 되나 봐요. 반지를 절대 빼내지 못할 것 같아요.”

짱센풍뎅이도 벽에 기댄 채 고개를 떨궜다.

“그렇죠. 우리는…… 힘없는 곤충이니까요…….”

왕재미는 불공평한 세상이 야속하게 느껴져 가슴이 먹먹했다. 하지만 이대로 포기하고 싶진 않았다. 말단 순경에서부터 우주 경찰 총장에 오를 수 있었던 건 어떤 어려움 앞에서도 굴하지 않는 강한 정신력 덕분이었다.

‘이럴 땐 어떻게 해야 할까.’

왕재미는 깜깜한 하늘을 올려다보았다. 하늘을 수놓은 작은 별들이 보였다.

‘그래, 작은 별들이 한데 모이면 칠흑 같은 어둠도 환하게 밝힐 수 있어.’

왕재미는 빗자루를 꽉 쥐고 앞으로 한 발짝 나섰다.

“우리는 작아요. 그래서 좋은 점도 많아요. 조그만 구멍에도 들어갈 수 있고, 눈에 띄지 않게 잘 숨을 수도 있어요. 손으로 잡으려고 해도 잘 잡히지 않아요. 몰래 공격하거나 간지럽힐 수도 있고, 이리저리 움직여 상대를 혼란에 빠트릴 수도 있어요.”

왕재미는 폴짝폴짝 뛰며 시범을 보였다. 울상 짓던 예반디와 짱센풍뎅이의 얼굴에 미소가 돌기 시작했다. 왕재미는 주먹을 쥐며 눈을 반짝였다.

"그러니까 우리는 약하지 않아요. 작아서 강해요!"

움츠러들어 있던 예반디와 짱센풍뎅이의 가슴이 희망으로 가득 차올랐다. 둘은 왕재미를 따라 주먹을 쥐었다.

"맞아요. 우리는 강해요! 절대 약하지 않아요."

셋은 손을 모아 파이팅을 외쳤다. 마주 잡은 작은 손에서 단단하고 강한 힘이 샘솟는 것 같았다.

탁!

왕재미가 갈라진 벽 사이로 얼굴을 내밀고 사향고향이에게 돌을 던졌다. 사향고양이는 고개를 홱 돌렸다.

"거기 숨어 있었구나!"

왕재미는 건물 안으로 들어가 빗자루를 휘휘 저으며 사향고양이의 시선을 끌었다.

"나 여기 있지롱! 잡아 보시지?"

"크아아앙!"

사향고양이는 달아나는 왕재미를 향해 발톱을 휘

둘렀다. 왕재미는 짱센풍뎅이에게 손짓으로 신호를 보냈다.

'지금이에요!'

짱센풍뎅이는 뒤돌아선 사향고양이에게 달려가 튼튼한 뿔로 강력한 침 한 방을 놓았다.

"받아라!"

사향고양이는 "컥!" 하며 엉덩이를 부여잡았다. 그 순간 예반디가 콧구멍으로 들어가 고린내를 풍겼다.

"으악!"

왕재미는 이에 질세라 빗자루를 휘둘렀다.

"나와라! 간질간질 공격!"

"푸하하하! 너무 간지러워!"

마지막으로 짱센풍뎅이가 빈틈을 놓치지 않고 사향고양이의 손에서 반지를 빼냈다. 사향고양이는 비틀거리며 바닥에 주저앉았다. 개구라의 마법이

풀린 것이다.

“사향고양이 님, 사향고양이 님!”

짱센풍뎅이가 어깨를 흔들자 사향고양이는 천천히 눈을 떴다. 낯선 곳에 있는 자신의 모습에 놀란 모양이었다. 사향고양이는 정신이 반쯤 나간 것처럼 머리털을 움켜잡으며 사방을 두리번거렸다.

“으아아악! 저는 어디로 잡혀 온 건가요? 어떤 농장에 갇힌 거죠?”

“농장요? 여기는 가짜 신문사예요. 혹시 개구라가 사향고양이 님을 농장으로 보내 버리려고 했나요?”

사향고양이는 두 손으로 머리를 감싸며 바닥에 엎드려 울먹거렸다.

“개구라가 자기 말을 듣지 않으면…… 저를 꼬랑내19의 최초 감염원으로 내세우고 커피 농장에 노예로 팔아 버리겠다고 했어요. 하루에도 수십 번씩 강제로 커피 열매를 먹고 똥으로 원두를 배출하는 끔찍한 노예 말이에요. 저는 예전에도 사스(SARS)라는 감염병의 최초 감염원으로 입방

아에 오른 적이 있어서 너무 무서웠어요…….”

예로부터 사향고양이가 눈 똥에 들어 있는 원두는 귀하게 여겨져 비싼 값에 팔렸다. 원두를 깨끗이 씻어 볶으면 맛과 향이 풍부한 ‘루왁 커피’가 되기 때문이다. 그래서 몇몇 사향고양이들은 우리에 갇힌 채 커피 열매만 먹으며 비참하게 생을 보냈다. 그야말로 노예와 다름없는 삶이었다.

공포에 사로잡힌 사향고양이는 주변에서 들리는 작은

소리에도 몸을 움찔거렸다. 왕재미는 사향고양이의 모습에 눈물이 핑 돌았다. 피도 눈물도 없이 한 시민의 일상을 망가뜨린 개구라가 원망스러웠고, 죄 없이 사기 당하는 이들이 가여워 마음 아팠다.

"많이 힘드셨죠? 혼자서 견디느라 마음고생이 얼마나 심했을까요……. 하지만 저희가 옆에 있으니 괜찮아요. 반드시 개구라를 잡아서 두 번 다시 억울하게 당하는 일이 없도록 할게요."

왕재미의 따뜻한 위로가 사향고양이의 마음을 울렸다.

"그 말, 진심인가요?"

왕재미와 친구들은 바들바들 떨리는 사향고양이의 손을 꼭 잡아 주었다. 셋은 사향고양이와 손가락을 걸고 끝까지 개구라를 쫓을 것을 약속했다. 사향고양이는 어깨를 들썩이며 흐느꼈다.

꼬랑내19, 5G와 관계 없어…

정부는 최근 5G에 관해 나돌았던 괴상한 소문은 사향고양이가 사기꾼 개구라에게 당해 만들어 낸 가짜 뉴스라고 밝혔다. 꼬랑내19와 5G 기술 사이에 아무런 관련이 없다고 못 박은 것이다. 이는 바이러스가 직접적인 접촉과 침방울을 통해 퍼지며, 전자파나 통신망과는 전혀 상관이 없다는 과학적 지식에 근거했다.

전문가들은 '가짜 뉴스에 속지 않으려면 정보의 출처를 신중히 확인하고, 검증된 전문가의 안내를 따르는 것이 중요하다'고 당부했다.

이상한 소문이 사라지자 경찰들은 더 이상 예전처럼 휴대폰 소독에 매달리지 않았다. 대신 왕재미가 경찰들의 휴대폰을 매일 깨끗하게 닦아 주었다. 가끔 실수로 자판을 잘못 누르기도 했지만 경찰들은 무척 만족스러워했다.

급하니 휴대폰으로 연락합니다.
다들 오늘까지 보고서 올리세요.

오후 3:30

오후 3:33

뿡

"쓱싹쓱싹. 왕왕 재밌는 청소♪"

곤충 청소부들은 휴대폰을 닦으며 노래를 불렀다. 작지만 강한 목소리가 경찰서를 가득 채웠다. 사건 파일을 정리하던 경찰들은 어쩌면 왕재미가 정말 우주 경찰일지도 모른다고 생각하기 시작했다.

"왕재미 저 친구 말이야, 다시 봐야겠는걸?"

"그러게. 두고 보면 알겠지."

왕재미는 경찰들을 향해 옅은 미소를 지어 보였다. 하지만 마냥 즐겁지만은 않았다. 어쩐지 마음 한편에 씁쓸한 불안감이 엄습했다.

'이전 사건들과 달리 사향고양이는 내가 올 줄 알고 기다리고 있었어. 지금까지는 위기를 잘 넘겼지만, 개구라가 제대로 반격한다면 상황이 어떻게 변할지 몰라…….'

왕재미는 어디선가 자신을 지켜보고 있는 눈길을 느꼈다. 알 수 없는 위험이 어둠 속에서 조용히 노려보는 것만 같았다.

왕재미의 수사 일지

표본 추출의 오류

통계를 만드는 건 된장국을 끓여서 간을 보는 과정과 비슷해. 국자로 냄비를 휘저은 다음, 한 숟갈 떠서 간을 보는 거야. 대충 한 입만 맛봐도 냄비에 든 된장국이 얼마나 짭짤한지 파악할 수 있거든. 통계도 비슷해. 전체에서 일부만 건져 내어 특성을 파악한 다음, 전체의 특성이 어떨지 추측하는 거야. 이처럼 전체 집단에서 일부를 뽑아내는 것을 표본 추출이라고 해.

된장국의 간을 정확히 알려면 국자로 냄비를 골고루 휘젓는 게 중요해. 그렇지 않으면 뭉친 소금이 입에 들어가서 실제보다 더 짜다고 느낄 수 있거든. 통계에서도 어떤 특성이 도드라진 곳을 피하는 게 중요해. 한쪽으로 치우친 대상을 뽑는 게 아니라 아무 규칙 없이 골고루 뽑아야 공평하지.

그런데 사향고양이는 꼬랑내19에 감염된 동물을 조사할 때 다른 동물들을 쏙 빼 버리고 자기 가족만 콕 집어냈어. 도시나 나라별로 넓게 조사해야 하는데 고작 자기 가족 넷만 조사한 거지. 그래서 터무니없는 통계 결과가 나왔던 거야.

이와 같은 오류를 범하지 않으려면 충분히 다양하고 많은 대상을 조사해야 해. 그래야 설득력 있고 신뢰할 수 있는 주장을 펼칠 수 있지. 이제부터 통계를 볼 때 어떤 집단을 뽑아서 조사했는지 꼼꼼하게 확인하도록 하자!

간 식

아무말뷰티에 숨겨진 비밀은?

“다들 맛있게 식사하세요!”

점심시간이 되자 경찰들은 각자 도시락을 꺼내 들었다. 왕재미는 휴게실에 쌓여 있을 간식을 떠올리며 침을 꿀꺽 삼켰다. 오늘은 바버리 서장이 주문한 특별 간식이 들어오는 날이기 때문이다. 기대에 부푼 왕재미는 휴게실로 콩콩 뛰어가 간식 서랍을 열었다.

“어디 보자, 엥? 양파랑…… 마늘?”

서랍에는 달콤한 과자 대신 통마늘과 양파가 들어 있었다. 심지어 탁자 위에 있었던 각설탕은 온데간데없이 사라지고 노란 마늘 가루가 자리를 차지했다.

“흑. 아껴 먹던 거였는데……. 왜 사라졌지? 설마 직원들을 괴롭히려고?”

순간 보고서를 빨리 올리라고 다그치던 바버리 서장의 모습이 떠올랐다. 사무실을 둘러보니 몇몇 직원들이 밥을 먹으며 눈물을 펑펑 흘리고 있었다. 왕재미는 화가 나서 참을 수 없었다.

“직원들에게 못살게 굴면 안 되지. 한마디 해야겠어!”

왕재미는 콧바람을 씩씩 뿜으며 서장실로 걸어가 당당하게 문을 열었다.

“서장님! 그러시면 안 되죠……. 으잉?”

놀랍게도 바버리 서장 역시 눈물 콧물을 줄줄 흘리며 울고 있었다. 자세히 보니 서장은 양손에 양파와 마늘을 쥐고 점심밥을 해결하는 중이었다. 왕재미는 어리둥절하여 할 말을 잃고 말았다.

‘아니, 이게 뭐지?’

다른 직원들도 마찬가지였다. 모두 양파와 마늘을 씹으

며 울고 있었다. 알고 보니 경찰들은 소셜 미디어에 퍼진 '마늘수록 좋아요' 광고를 따라 하던 중이었다.

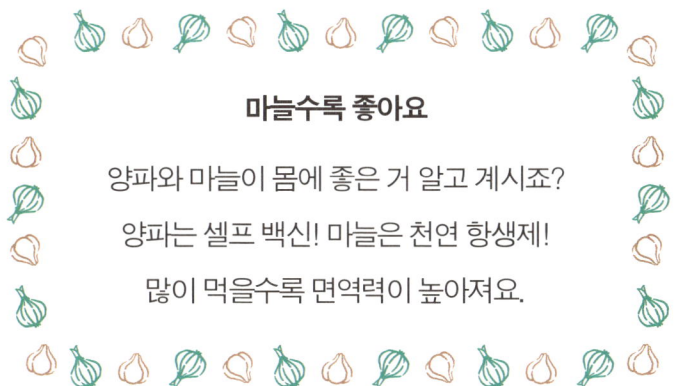

마늘수록 좋아요

양파와 마늘이 몸에 좋은 거 알고 계시죠?

양파는 셀프 백신! 마늘은 천연 항생제!

많이 먹을수록 면역력이 높아져요.

양파와 마늘이 아무리 건강에 좋다 한들 세균을 죽이거나 자라는 것을 막는 항생제를 대신할 순 없다. 더욱이 바이러스를 죽일 수 있는 건 항생제가 아닌 항바이러스제다. 셀프 백신이라는 것도 아무렇게나 지어낸 말장난에 불과했다.

왕재미는 팔짝팔짝 뛰어다니며 소리쳤다.

"여러분! 양파와 마늘을 억지로 먹지 마세요. 이 뉴스는 가짜예요, 가짜!"

왕재미는 경찰들이 매일 밥 대신 양파와 마늘만 먹을까 봐 걱정이었다. 하지만 이 유행은 며칠 가지 못해 사그라지기 시작했다. 양파와 마늘을 많이 먹으면 방귀 냄새가 견딜 수 없을 만큼 지독해지기 때문이었다.

"으악! 이번엔 또 누구야? 이제 그만 좀 먹어."

"방귀 뀐 놈이 성낸다더니! 가는 방귀가 고와야 오는 방귀가 고운 법인 거 몰라? 그쪽부터 그만 드셔!"

그러던 중 소셜 미디어에 모두의 눈길을 사로잡는 광고가 등장했다.

산골짜기시 깊은마을동 찾아오시기어렵구 4번지

특허받은 LED 과학 기술로
단 세 번 만에
꼬랑내19 완벽 치료!
LED
치료기
전) 코골이대학 코털과 교수
관리사 라마

좋아요 10000개

즐겁닭 콧속 깊이 느껴지는 진심에 감동, 감동입니다.

재밌소 꼬랑내19에 고통받는 세상의 모든 콧구멍에게 추천합니다.

코파츄 집 나간 콧구멍이 돌아온 기분입니다! 코홍홍 ♫

#꼬랑내19#집중콧구멍코스#완치보장#패션아이템#멋쟁이

왕재미와 친구들은 한데 모여 모니터에 뜬 광고 문구를 유심히 살폈다. 눈썰미가 좋은 짱센풍뎅이는 미간을 찌푸리며 팔짱을 꼈다.

"LED 빛으로 바이러스를 죽인다라……. 상식적으로 말이 안 되는데요? 바이러스를 죽일 수 있는 빛은 자외선이잖아요. 일부 제품에서 자외선이 나온다 쳐도 치료용으로 쓰일 만큼은 아니죠. 구체적으로 어떻게 치료할 수 있다는 건지 제대로 설명하지도 않았네요."

LED는 전등, 휴대폰, 모니터, 텔레비전, 광고판 등에 쓰여 빛을 내는 부품이다. 어디서든 흔히 볼 수 있어 이미 모두가 일상생활에서 자연스럽게 접하고 있다. 굳이 특별한 기구를 사야 한다는 광고에 의문을 품는 건 당연했다.

하지만 예반디는 후기 페이지를 가리키며 말했다.

"저도 그렇게 생각하는데 의외로 방문자들의 경험담이 좋아서 뭐가 진짜인지 모르겠어요."

왕재미는 천천히 스크롤을 아래로 움직였다.

"흠, 칭찬만 골라서 보여 주었을 수도 있으니까 완벽히

믿긴 어려워요. 사실인지 확인하려면 좀 더 확실한 정보가 더 필요해요."

왕재미는 후기가 조작됐을 가능성을 떠올렸다. 그러나 실제로 아무말뷰티에서 치료받고 온 경찰들의 반응은 달랐다.

"치료 세 번 만에 꼬랑내19가 다 나았어."

"맞아. 효과가 장난 아니더라고!"

"오오, 안 그래도 우리 애들이 꼬랑내19에 걸린 것 같아 걱정이었어. 오늘 당장 가야겠네."

"근데 거기가 너무 멀어서 휴가를 내야 할 거야. 바쁘면 급한 대로 야광봉이라도 빌려줄게. 한번 써 볼래?"

"이야, 코가 번쩍번쩍하구먼. 역시 멋쟁이야."

"그래? 이런 건 바로 인증샷을 올려야지!"

아무말뷰티의 인기는 대단했다. 치료를 받으려면 '산골짜기시 깊은마을동 찾아오시기어렵구'까지 가야 했지만 매일 수백 명이 몰려들 정도였다. 방송에서도 아무말뷰티에 관한 뉴스를 집중적으로 다뤘다.

LED 빛으로 꼬랑내19를 치료할 수 있다는 업체가 등장했습니다.
끄덕 끄덕
미어TV
빛으로 몸속 바이러스를 없앨 수 있다는 건데요. 취재 기자 연결하겠습니다.
산골짜기시 깊은마을동에 세워진 한 LED 업체입니다.
아무말뷰티
햄스터 기자
한 시간 넘게 등산해야 도착할 수 있지만, 환자들이 물밀 듯이 밀려오고 있습니다.
바글 바글
여기까지 오느라 개고생했죠. 세 번만 관리받으면 완벽히 낫는대서 찾아왔습니다.
I♥DOG

건물 안에는 여러 종류의 LED 기계가 놓여 있습니다. 치료 비용은 수백 만 원에 이릅니다.
환자의 콧구멍 크기를 고려한 맞춤형 기기를 사용합니다. 특허받은 치료 기술로 콧구멍에 LED 빛을 비춰, 몸 안에 있는 모든 바이러스를 죽이는 것이죠.
컵이나 수저를 소독기에 넣어 소독하는 것과 같은 원리입니다.
지금은 집중 치료 중이죠.
거긴 눈!
조사 결과 세 번 이상 관리받은 환자 모두가 나았다는 판정을 받았습니다.
이러한 치료는 현 상황을 이겨 내는 돌파구로 보입니다.
찌잉!
찌잉!

뉴스를 본 짱센풍뎅이는 검지손가락을 들어 좌우로 흔들었다.

“역시나 거짓이네요. 콧속에 LED 빛을 비춘다고 해서 몸 전체에 퍼져 있는 바이러스까지 죽일 순 없으니까요. 이건 효과가 하나도 없는 방법이에요.”

반면 예반디는 알쏭달쏭한 표정이었다.

“그래도 세 번 이상 방문한 환자들은 모두 나았다는데……. 어떻게 된 걸까요?”

왕재미는 손에 턱을 대고 생각에 잠겼다. 아무말뷰티로 찾아가는 시민들의 모습이 머릿속에 생생하게 그려졌다. 그와 동시에 아무말뷰티의 주소가 퍼뜩 떠올랐다.

산골짜기시 깊은마을동 찾아오시기어렵구

왕재미는 뉴스 화면을 가리키며 흥분한 목소리로 말했다.

“짱센풍뎅이 님의 말대로 LED 치료법은 꼬랑내19에 효과가 없어요. 그런데도 효과적이라는 소문이 퍼진 건 아무말뷰티가 증세가 심각한 환자들이 갈 수 없는 먼 곳에 있기 때문이에요. 그래서 애초에 증상이 약하거나 별다른 치료가 필요 없는 건강한 시민들만 찾아갈 수 있었던 거죠."

짱센풍뎅이는 "오!" 하며 고개를 끄덕였다.

"세상에! 한마디로 시간이 지나면 자연스럽게 낫게 될 시민들만 통계에 넣었다는 거네요."

예반디도 입을 다물지 못했다.

"통계를 이렇게 악용할 수 있다니 정말 놀라워요!"

하지만 이러한 속임수를 눈치채지 못한 시민들은 치료를 받기 위해 아무말뷰티 앞에서 몇 시간이고 기다렸다.

"안 되겠어요. 우리가 직접 나서요!"

셋은 퇴근 시간이 되자마자 청소 도구를 내려놓았다. 산골짜기시 깊은마을동 찾아오시기어렵구에 있는 아무말뷰티에 찾아가기 위해 여러 번 버스를 갈아타야 했다. 셋은 산을 넘고, 강을 넘고, 들판을 넘고, 호수를 넘고, 굽이굽이 고개를 넘어 멀고 먼 길을 떠났다.

드디어 도착한 아무말뷰티는 치료를 받고 싶어 하는 동물들로 북적북적거렸다.

"오, 정말 병원처럼 하얗게 생겼네요."

셋은 깔끔하게 정돈된 실내를 보며 고개를 두리번거렸다. 각 방마다 여러 개의 침대가 있었고 시민들은 LED 빛을 쬐며 누워 있었다. 하얀 가운을 입은 라마는 복도를 돌아다니며 환자들을 관리했다.

"호호옹. 호호홍."

라마는 흘러나오는 댄스 음악에 맞춰 발을 경쾌하게 움직였다. 셋은 라마의 뒤를 밟으며 어떻게 치료하는지 유심히 살펴보았다.

"자, 다음 환자. 치료를 시작합니다."

라마가 토끼 코에 넣었던 LED 치료기를 강아지 코에 그대로 넣었다. 사용한 장치는 소독하지 않고 그대로 다시 사용되는 듯했다.

'으악! 저건 치료가 아니잖아!'

왕재미는 라마에게 쪼르르 달려갔다.

"라마 님, 기계를 소독하지 않고 쓰면 바이러스가 전파 돼요!"

삼총사는 팔짝팔짝 뛰며 손을 흔들었다. 바쁘게 일하던 라마는 문득 곤충들을 알아채고 상냥하게 웃었다.

"어머, 새로운 손님이 오셨군요. 못 알아 봬서 죄송해요.

걱정하시는 것과 달리 이 장치에는 자동 살균 기능이 있어서 괜찮아요. 호호."

예상치 못한 대답에 왕재미는 그만 머쓱해지고 말았다.

'어? 정말인가?'

라마는 당황해하는 곤충들에게 나긋나긋 말했다.

"궁금하시면 상담실에서 자세히 말씀드릴까요? 절 따라오세요."

라마의 손을 보니 반지가 없었다. 지금까지와 달리 이번엔 개구라와 상관없는 일일 수도 있겠다는 생각이 들었다. 고민하던 곤충들은 라마를 따라 상담실로 따라갔다. 셋이서 함께하는 만큼 두려울 것도 없었다. 어쩌면 대화로 잘 풀 수 있을지도 몰랐다.

"자리에 앉으시죠."

상담실은 아늑하고 편안했다. 벽에는 특허 인증서와 방송 출연 사진이 걸려 있었고 책장에는 여러 가지 과학 책과 수상 트로피가 전시되어 있었다. 사방에 붙어 있는 화려한 광고지도 눈길을 끄는 데 한몫했다. 하지만 삼총사는 고개를 흔들며 정신을 바짝 차렸다.

"먼 길 오느라 힘드셨죠? 어디가 불편해서 오셨나요?"

라마가 묻자 왕재미가 대표로 얘기하기 시작했다.

"코에 쬔 빛이 어떻게 몸 안의 바이러스까지 닿을 수 있는지 설명해 주시겠어요?"

"아, 그게 궁금하셨군요. 요즘 과학 기술이 하루가 다르게 발전하는 거 아시죠? 저희가 사용하는 기구는 일반적인 LED 장치와 차원이 달라요. 여기 자료를 보시면 확실히 효과가 있다는 걸 알 수 있으실 거예요."

라마는 호호 웃으며 광고 자료를 내보였다. 하지만 그대로 넘어갈 왕재미가 아니었다.

"특허받은 기술이 실제로 안전하고 효과적인지 증명하는 연구 결과를 보여 주시면 좋겠어요. 투명하게 공개해 주시면 믿을게요."

라마는 곤란하다는 듯 어깨를 으쓱하며 얼렁뚱땅 웃어넘겼다.

"그건 영업 비밀이라 알려 드릴 수가 없네요. 어쨌든 걱정하시는 것과 달리 저희는 아무런 문제가 없답니다, 호호."

짱센풍뎅이와 예반디도 의심을 멈추지 않았다.

"아무리 비밀이라도 기본적인 과학 원리가 뒷받침되어야 하잖아요. 현재 알려진 생물학, 의학 지식과 어떻게 맞아떨어지는지 궁금해요."

"모든 설명을 피한다면 기술에 대한 믿음을 잃게 될 수도 있어요."

곤충들이 콕 집어 말하자 라마의 표정이 일그러지기 시작했다. 그러더니 순식간에 눈빛이 차갑게 돌변했다. 역시 라마는 개구라의 부하였던 것이다!

"쳇, 멍청한 줄 알았더니 개구라 님 말씀대로 호락호락하지 않구나. 그럼 어쩔 수 없지. 너희를 그냥 없애 버리는 수밖에!"

라마는 손에 든 LED 막대를 휘둘러 탁자를 뒤엎었다. 전시된 트로피들이 와장창 깨지고 책장이 무너져 책이 와르르 쏟아져 내렸다. 삼총사는 출입문을 향해 달려갔다.

"열어요, 열어!"

하지만 어찌 된 일인지 문은 굳게 닫혀 있었다. 라마가 상담실로 들어올 때 치밀하게 문을 잠가 버렸던 것이다!

"어, 어떡하지? 숨어, 숨어!"

곤충들은 뿔뿔이 흩어져 숨었다. 라마는 허리를 굽혀 숨바꼭질하듯 곤충들을 찾기 시작했다.

"가만있자……. 어디에 있나."

책장 옆에 숨어 있던 왕재미는 라마를 유인해야겠다고 생각했다. 라마가 한눈파는 사이에 예반디와 짱센풍뎅이가 공격을 하면 희망이 있을 듯했다. 왕재미는 둘에게 눈짓을 보낸 뒤 밖으로 불쑥 나왔다.

"나 잡아 봐라!"

라마는 금방이라도 잡아먹을 듯 입을 쩍 벌리고 왕재미를 향해 뛰어갔다. 왕재미는 대각선 방향으로 가로질러 달렸다. 하지만 상담실이 비좁아 도망칠 곳이 마땅치 않았다.

"어! 어?"

예반디와 짱센풍뎅이가 라마를 공격할 틈도 없이 왕재

미는 독 안에 든 쥐가 되었다. 라마는 눈을 부라리며 왕재미를 향해 LED 막대를 내려쳤다.

"성가신 녀석! 저 세상으로 가 버려!"

왕재미는 철퍼덕 바닥에 엎드려 눈을 질끈 감았다. 하지만 라마가 왕재미를 내려치려는 순간, 짱센풍뎅이와 예반디가 화재 경보기를 힘껏 눌렀다.

위이이이잉!

사이렌이 울리면서 모든 출입 잠금 장치가 풀리고 대피 방송이 흘러나왔다. 라마는 멈칫하며 천장을 올려다보았다.

"뭐, 뭐야?"

치료실에 있던 환자들이 우르르 밖으로 쏟아져 나왔다.

"불이야, 불이야!"

삼총사는 열린 문밖으로 빠져나와 동물들 틈에 끼어 밖으로 탈출했다. 예반디와 짱센풍뎅이는 왕재미를 와락 껴안았다.

"흑, 심장이 멎는 줄 알았어요."

“됐어요, 이젠 괜찮아요.”

“우리가 해냈어요!”

라마도 깨진 LED 막대를 휘두르면서 일행을 쫓아 나왔다. 하지만 곧 수많은 동물들에게 둘러싸여 버렸다.

“아니, 비싼 거라고 자랑하던 치료 기구를 그렇게 함부로 휘두르고 다니다니! 지금 장난하는 거예요?”

“힘들게 치료받으러 온 우리를 뭘로 보는 거야?”

“아니, 여러분. 그, 그게 아니라…….”

동물들이 성난 얼굴로 몰려들자 라마는 치료소로 냅다 뛰어 들어갔다.

“놓치면 안 돼!”

곤충들은 얼른 치료소로 따라 들어갔다. 하지만 라마는 이미 뒷문으로 도망간 뒤였다.

얼마 후 동물들의 신고로 경찰차가 도착했다. 경찰은 사건 수첩을 들고 주변 동물들에게 물었다.

“어느 분께서 발 벗고 나서 주신 겁니까?”

동물들은 왕재미와 친구들을 가리켰다.

“이분들 덕분이에요.”

“도와줘서 어찌나 고마운지 몰라요. 하마터면 큰 돈을 날릴 뻔했다니까요. 이분들이야말로 시민들의 영웅이에요, 영웅!”

동물들은 허리를 숙이며 고마워했다. 삼총사는 쏟아지는 감사 인사에 두 손을 내저었다.

“어휴, 아니에요. 저희는 할 일을 했을 뿐인걸요.”

전국의 코를 들썩이게 했던

LED 치료는 가짜로 밝혀져…

꼬랑내19를 치료할 수 있다며 한때 이슈가 되었던 LED 치료는 라마가 꾸며 낸 허위 광고로 드러났다. 이와 관련하여 정부는 'LED가 코 안의 세균이나 바이러스를 죽이는 데 도움이 될 순 있지만, 몸속 바이러스한테까지 영향을 줄 수 없다'고 설명했다.

한편 라마는 수억 원의 치료비를 가로챈 뒤 시민들을 피해 달아났다. 경찰은 라마가 개구라와 관련이 있는지 파악하고 있다. 라마를 체포하기 위한 특별 수사는 한동안 계속될 것으로 보인다.

"힘을 모은 우리 모두가 영웅이에요."

왕재미와 친구들은 서로를 바라보며 미소를 머금었다.

라이어 시티 경찰서는 달아난 라마를 체포하기 위한 비상 근무에 들어갔다. 경찰들은 환자들을 구한 왕재미와 친구들에게 칭찬을 아끼지 않았다.

"이야, 가짜라는 걸 어떻게 알아내서 찾아간 거야?"

"외계에서 와서 특별한 감각이 있는 건가? 용기 하나는 본받을 만해!"

하지만 간신히 목숨을 건진 왕재미는 달아난 라마와 개구라가 어떤 일을 꾸밀지 걱정돼 불안하기만 했다. 분노에 찬 개구라가 최후의 칼날을 갈고 있을 것이기 때문이다.

'개구라가 점점 더 강해지고 있어. 자신의 힘에 걸맞은 강력한 부하들을 키우려고 할 거야. 우주 반지가 제힘을 발휘하지 못하게 막아야 해!'

왕재미는 깊게 숨을 들이쉬었다. 꼬랑내19를 둘러싼 가짜 뉴스 전쟁은 이제 막바지를 향해 달려가고 있었다.

왕재미의 수사 일지

생존자 편향

앞서 우리는 통계를 낼 때 한쪽에 치우지지 않고 골고루 선택해 뽑아야 한다고 배웠어. 그렇지 않고 어느 한쪽에 치우치게 되면 편향되었다고 하지. 편향된 실수를 저지르면 예상치 못한 엉뚱한 결론이 나올 수 있어.

어떤 나라에서 전쟁이 벌어졌다고 상상해 봐. 군인들은 어떻게 하면 전투기를 튼튼하게 만들 수 있을지 고민했어. 그 과정에서 전투에서 살아 돌아온 전투기를 살펴보게 되었지. 그런데 우연찮게도 날개나 꼬리에서 총알구멍이 가장 많이 발견된 거야. 이걸 보고 군인들이 "적들이 날개와 꼬리를 많이 공격하는구나. 날개와 꼬리를 튼튼하게 하자!" 라고 주장한다면 맞는 말일까?

여기에는 한 가지 큰 문제가 있어. 바로 전쟁에서 살아 돌아오지 못한 전투기에 관한 자료가 빠져 있다는 거야. 실제로 총알구멍이 덜 발견된 부위, 즉 엔진이나 조종석에 총알을 맞은 전투기는 아예 살아 돌아오지 못했거든. 사실은 엔진과 조종석을 튼튼하게 만드는 게 훨씬 더 중요했던 거지. 그러니까 전쟁에서 돌아온 전투기만을 분석하는 것은

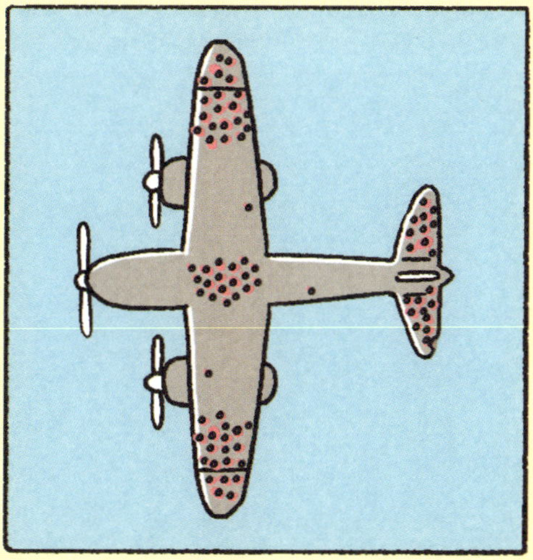

'생존자 편향'에 빠진 것이라 할 수 있어. 편향에 빠지면 핵심 정보를 놓치게 돼.

라마의 엉터리 LED 사건도 생존자 편향에 빠져서 생겨난 일이야. '산골짜기시 깊은마을동 찾아오시기어렵구'까지 찾아온 환자, 즉 생존자들을 대상으로 조사하는 바람에 모두 완벽히 치료되었다는 특이한 결과를 얻게 된 거지.

이러한 오류에 속지 않으려면 성공 사례뿐만 아니라 실패 사례도 함께 검토해야 해. 양쪽 모두를 고루 살펴본다면 우리는 더욱 균형 잡힌 시각으로 세상을 바라보는 힘을 기를 수 있을 거야.

콰앙!!

백신을 둘러싼 어두운 그림자

어두운 동굴 속, 신문을 읽던 개구라의 눈빛이 분노로 희번덕거렸다.

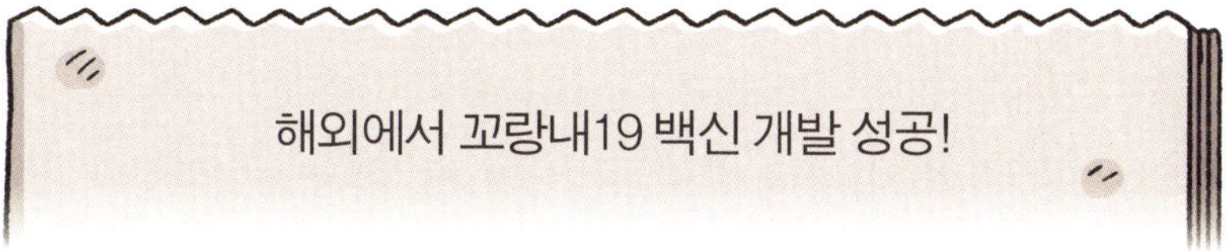

개구라는 의자 손잡이를 주먹으로 쾅 내려쳤다. 고급스럽게 빛나던 손잡이는 산산조각이 되어 부서져 내렸다. 개구라는 왕재미의 얼굴을 떠올리며 우두둑 소리가 나도록 손가락 관절을 꺾었다.

“백신이 개발되다니……. 그때 그 개미를 아예 없애 버렸어야 했는데…….”

바짝 엎드린 부하들은 차마 고개를 들지 못하고 겨우 숨을 삼켰다. 팽팽한 긴장감으로 모든 것이 고요하던 그때, 누군가 악다구니를 쓰며 동굴 안으로 질질 끌려왔다.

“이거 놔! 놔아아!”

달아난 라마였다. 계획이 실패하자 몰래 먼 곳으로 도망가려다 덜미가 잡힌 것이다. 개구라는 자리에서 일어나 시뻘건 눈을 부라렸다.

“그 입 다물지 못할까!”

라마는 개구라의 마력에 압도되어 힘없는 종이 인형처럼 주저앉아 머리를 조아렸다. 공포에 질린 얼굴에서 식은땀이 뚝뚝 흘러내렸다. 개구라는 땅을 울릴 듯 엄중한 목소리로 물었다.

“너는 어찌하여 나를 배신하고 도망간 것이냐.”

“그, 그게…….”

“어디 한번 말해 보란 말이다!”

개구라의 몸이 풍선처럼 부풀었다. 길게 손을 뻗자 우락부락한 힘줄이 고무줄처럼 늘어났다. 손아귀에 들어온 라마는 비명을 지르며 애원했다.

“용서해 주십시오, 개구라 님! 부디 한 번만 더 기회를……”

하지만 개구라는 라마를 번쩍 들어 올려 갈고리 같은 손을 힘껏 움켜쥐었다.

“으아아아아악!”

개구라는 입꼬리를 올리며 음흉하게 웃었다.

“널리고 널린 게 부하다. 약한 놈은 거둘 필요가 없지. 암, 그렇고말고.”

"꼬랑내19 관련 긴급 회의입니다. 모두 모이세요."

바바리 서장의 표정이 심상치 않았다. 왕재미는 먹던 각설탕을 내려놓으며 서장의 눈치를 살폈다. 예반디와 짱센 풍뎅이도 회의실을 감싼 무거운 분위기에 뭔가 심각한 일이 벌어졌다는 걸 직감했다. 조심스레 상황을 엿보던 둘은 눈빛을 교환한 뒤 왕재미를 따라 회의실에 숨어 들어갔다.

"오늘은 좋은 소식과 나쁜 소식이 하나씩 있습니다. 먼저 좋은 소식은 해외에서 백신이 개발됐다는 겁니다. 곧 외국에서 백신을 가져와 접종할 예정입니다."

바바리 서장의 말에 경찰들은 기쁨을 감추지 못했다.

"와, 드디어 이런 날이 오는구나!"

"야근도 끝이 보이네. 야호!"

탁자 밑에서 대화를 엿듣고 있던 왕재미도 마음속으로 환호성을 외쳤다. 그러나 바바리 서장의 표정은 여전히 어

두웠다.

“그리고 나쁜 소식은…….”

바바리 서장이 뜸을 들이자 모두 대화를 멈췄다. 왕재미는 왠지 모를 긴장감에 침을 꿀꺽 삼켰다.

“꼬랑내19 최초 감염원을 체포하라는 명령이 떨어진 것입니다.”

바바리 서장은 모니터에 뉴스를 띄웠다.

어젯밤 정부에서
꼬랑내19의 최초 감염원이
지구 동물이 아닌 외계 생명체라고
밝혀 충격을 주고 있습니다.
빠밤!
감염원이
외계 생명체?!
끄덕
끄덕
미어TV
과연 외계 생명체의 정체는 무엇인지,
어떻게 바이러스를 퍼뜨릴 수 있었는지
관심이 주목됩니다.
햄스터 기자!
햄스터 기자가
보도합니다.
지난 저녁
중앙방역대책본부장은
꼬랑내19 조사 결과를
발표했습니다.
꼬랑내19 바이러스는
지구상에서 볼 수 없었던
새로운 바이러스입니다.
지구에 침입한
외계 생명체가
바이러스를 퍼뜨렸을
것으로 추측됩니다.
중앙 방역 대책 본부
찰칵
찰칵
찰칵

지금까지의 조사 결과에
비추어 보면
외계 생명체는 정체를 감추기 위해
개미와 같은 작은 동물로
변신한 것으로 보입니다.
크헤
소식을 접한 시민들은
공포에 휩싸였습니다.
무섭죠.
외계 생명체가
평범한 동물인 척하고
다닌다니까요.
이러다가 또
새로운 바이러스가
퍼지는 건 아닐지
걱정돼요.
또 다른 재앙이 벌어질지 모른다는
불안이 커지는 가운데
하루 빨리 외계 생명체를
체포해야 할 것으로 보입니다.
찌직
찌직
찌직
찌직!

뉴스를 본 왕재미의 가슴이 철렁 내려앉았다. 최초 감염원으로 자신을 겨눈 것이나 다름없기 때문이다.

경찰들은 머리를 맞대고 웅성거리기 시작했다.

"우주에서 온 개미라면 딱 봐도……."

"에이, 설마. 그럴 리가 없잖아. 얼마나 착실한지 알면서 왜 그래."

"그렇긴 하지만……."

지난 라마 사건 이후 늘 곤충들을 얕보던 경찰들도 작디작은 왕재미에게 관심을 보여 왔다. 혹여나 복도를 쿵쿵 걷다가도 왕재미가 보이면 뒤꿈치를 들어 조심조심 걸었고, 책상 위에 왕재미가 좋아하는 각설탕 조각을 올려놓기도 했다. 친절을 베풀었던 경찰들은 뒷통수를 맞았다는 듯 묘한 시선을 주고받았다.

바바리 서장은 수군대는 경찰들을 떨어뜨리며 분위기를 가라앉혔다.

"그만, 그만! 아직 정확히 밝혀진 건 아무것도 없습니다. 곧 정부에서 공식 입장을 발표할 테니 행여나 섣불리 움직일 생각은 마세요. 우리 쪽에서 괜한 오해를 만들면 안 됩니다. 무슨 말인지 아시겠죠?"

경찰들은 꺼림칙한 표정으로 고개를 끄덕였다. 왕재미는 억울해서 속이 타들어 가는 것 같았다.

'내가 최초 감염원이라고? 정말 나 때문인가? 아니야, 그럴 리가 없잖아! 난 주변의 누군가를 감염시킨 적이 없는데……. 도대체 어디서부터 잘못된 거지?'

바버리 서장이 회의실 밖으로 나가자 경찰들도 따라 나섰다. 모두 혼란스러운 표정이었다. 왕재미는 후들거리는 다리를 이끌고 회의실 밖으로 나왔다. 심장이 두근거려 터질 것 같았다. 뒤에 숨어 있던 예반디와 짱센풍뎅이는 비틀거리는 왕재미에게 달려갔다.

"왕재미 님, 괜찮으세요?"

왕재미는 벽에 기댄 채 주저앉아 버렸다.

"저건 명백한 모함이에요. 전 아무것도 하지 않았다고요! 안 되겠어요, 지금 당장 뉴스에 나온 치타 본부장을 만나서 아니라고 말하고 올래요!"

짱센풍뎅이는 뛰쳐나가려는 왕재미의 어깨를 잡으며 침착하게 말했다.

"본부장은 그저 가능성만 건넸을 뿐이에요. 어쩌면 이건 범인을 유인하기 위한 함정일 수도 있죠. 그래서 서장님도 정확한 결과가 나올 때까지 기다려야 한다고 말씀하신 거고요. 괜히 나섰다가 진짜 범인으로 누명을 뒤집어쓸 수도 있어요. 지금은 조용히 기다릴 때인 것 같아요."

예반디도 왕재미를 설득했다.

"맞아요. 조금만 기다려 봐요. 다들 왕재미 님의 결백을 믿고 있어요. 저희는 왕재미 님 편이에요."

둘의 말대로 어쩌면 이것은 왕재미를 겨냥한 함정일지도 몰랐다. 왕재미는 눈을 감고 흥분을 가라앉혔다.

'그래, 결과가 발표될 때까지만 기다려 보자.'

왕재미는 매일매일 뉴스를 꼭꼭 챙겨 보며 새로운 소식이 전해지기만을 기다렸다. 그러나 야속하게도 공식 발표일은 계속 미뤄지기만 했다. 그사이 근거 없는 소문이 여기저기서 생겨났다.

↳ 최초 감염원은 개미같이 작은 동물이라던데. 그건 그냥 개미라는 말 아님?

↳ 개미같이 '작다'는 말이지 개미라고 한 건 아니에요.

↳ 개미가 제 발 저릴 듯.

↳ 어쩐지 개미가 싫더라.

↳ (관련 뉴스) http://www.개미잡기.com/

소문이 퍼지자 왕재미를 믿었던 경찰들도 의심의 눈초리를 보내기 시작했다.

"뉴스 보니까 개미가 맞는 것 같던데?"

"헉! 정말이야? 하지만 외계에서 온 개미는 왕재미뿐이잖아."

"나 참, 설마 우리 앞에서 착한 척 연기했던 거야?"

"그런 듯. 완전 소름이네."

경찰들은 더 이상 왕재미에게 청소를 부탁하지 않았다. 멀찍이 서서 수군대거나 고개를 돌릴 뿐이었다. 왕재미는 묵묵히 비질하며 복받치는 마음을 눌러 담았다. 비참하지만 진실이 밝혀질 날을 기다리며 이를 악물었다.

그러던 어느 날, 바버리 서장이 왕재미를 조용히 불렀다.

"잠시 서장실로 들어오세요."

왕재미는 서장이 어떤 얘기를 할지 어렴풋이 알고 있었

다. 서장은 위에서 내려온 문서를 만지작거리며 한동안 뜸을 들이다 어렵게 입을 뗐고 왕재미는 착잡하게 고개를 끄덕였다.

왕재미는 그렇게 경찰서에서 해고됐다.

소식을 들은 짱센풍뎅이와 예반디는 믿을 수 없다는 표정을 지었다. 둘은 펄펄 뛰며 서장실로 찾아갔다.

"이건 말도 안 돼요. 이렇게 억울하게 당할 순 없어요! 우리가 아무리 힘이 없어도 이건 아니잖아요!"

하지만 왕재미는 오히려 담담하고 후련해 보였다.

“아니에요. 이왕 이렇게 된 거 푹 쉬면서 우주 경찰로 돌아갈 다른 방법을 알아볼게요. 서장님도 기회를 보다가 다시 불러 주신댔으니 걱정하지 마세요.”

왕재미는 친구들을 위해 애써 가볍게 미소 지어 보였다. 짱센풍뎅이와 예반디는 슬프고 답답한 마음을 감출 수 없었다.

“한번만 더 생각해 보면 안 돼요? 제발 여길 떠나지 말아요…….”

끝까지 옷깃을 붙잡았지만 왕재미는 말없이 고개를 내저을 뿐이었다. 짱센풍뎅이와 예반디는 서글픈 눈물을 훔쳤다. 왕재미는 고개 숙인 둘을 위로하듯 안아 주었다.

그날 저녁, 왕재미는 홀로 경찰서에 남았다. 앞으로 자신의 몫까지 청소하게 될 동료들을 위해 대청소를 하고 떠나기로 마음먹었다. 정성을 기울여 바닥과 책상을 반질반질하게 닦고 화장실까지 깨끗하게 청소했다. 휴지통도 한 번에 싹 비웠으니 한동안 쓰레기 더미에서 허우적댈 일은 없을 것이다. 청소를 마친 왕재미는 이마에 맺힌 땀을 닦았다.

"휴, 다했다!"

왕재미는 짐을 챙겨 떠날 준비를 했다. 하지만 막상 경찰서를 떠나려니 발걸음이 잘 떨어지지 않았다. 사무실 곳곳에 스민 정든 추억들이 발목을 잡았다.

"하아……."

문턱에 선 왕재미는 이대로 떠나기가 아쉬워 되돌아섰다. 혹시나 최초 감염원에 대한 공식 발표가 떴을까 싶어 TV 뉴스를 틀어 보았다. 여전히 감감무소식이었다.

"아직도 발표가 안 났네……."

왕재미는 긴 한숨을 내쉬었다. 하지만 TV를 끄려던 그때, 손을 멈칫하게 하는 뉴스가 등장했다. 치타 본부장이 인터뷰하는 모습이었다.

확진자 중 다수가 백신을 접종하고도 꼬랑내19에 감염된 '돌파 감염자' 라는 통계가 나왔습니다.
빠밤
미어TV
본부장님, 이게 사실입니까?
중앙방역대책본부장
꼬랑내19 감염 현황
백신 미접종자 40,020명
백신 접종자 59,980명
네, 그래프를 보시면 백신 접종자가 더 많이 꼬랑내19에 걸렸습니다.
뽀잉 뽀잉
한마디로 백신을 맞았을 때 감염될 확률이 더 높은 겁니다.
참 황당한 결과네요. 본래 감염률을 낮추려고 백신을 맞지 않습니까?
저희도 문제의 심각성을 느끼고 돌파 감염의 원인과 해결책을 찾고 있습니다.

왕재미는 어이가 없어서 기가 찰 노릇이었다.

"백신이 오히려 감염률을 높인다고?"

우리 몸은 한번 맞서 싸운 바이러스를 잊지 않고 잘 기억하는 특징이 있다. 이러한 속성을 이용하여, 백신은 몸속에 일부러 죽거나 약해진 바이러스를 넣어 연습 싸움을 시킨다. 이때 백신이 잘 작동하면 실전에서 진짜 바이러스가 침투해도 잘 감염되지 않는다. 그 결과 우리 몸은 질병을 예방하는 힘을 얻는다.

하지만 이러한 과학적 원리와 달리 치타의 주장은 얼핏 보기에 꽤 그럴듯했다.

'도무지 이해할 수가 없네. 어디가 잘못된 걸까…….'

왕재미는 인터넷에 접속해 통계 수치가 정확한지부터 확인했다. 감염자 수는 치타의 주장과 같았다.

'생각보다 돌파 감염이 많구나.'

돌파 감염은 백신을 완전히 맞았는데도 바이러스에 감염되는 현상이다. 개인의 건강 상태가 좋지 않거나 돌연변이 바이러스가 나타났을 경우 언제든지 일어날 수 있다.

'하긴 백신을 맞아도 감염되는 경우가 없진 않지. 수치는 진짜였어. 다만 이 수치를 잘못 활용했다는 건데……. 뭐가 문제지?"

왕재미는 원그래프를 눈여겨봤다. 그래프에도 아무런 문제가 없어 보였다. 하지만 곧 통계에 숨겨진 은밀한 속임수를 알아챌 수 있었다.

"알았다, 비교 대상이 잘못됐어!"

치타 본부장은 백신을 맞은 동물과 맞지 않은 동물 중 어느 쪽이 더 많이 꼬랑내19에 걸렸는지를 비교했다. 과학적으로 보면, 백신을 맞는 동물이 늘어날수록 건강한 동물의 수가 많아진다. 하지만 그와 동시에 백신을 맞고도 아픈 동물 역시 늘어날 수 있다. 그래도 거의 대부분은 백신 덕분에 건강을 유지하기 때문에, 백신이 효과가 없다는 건 그럴싸한 거짓말이다.

그러니까 치타 본부장은 단순히 숫자만 따지기보다는 백신을 맞았을 때와 맞지 않았을 때, 누가 더 감염될 '가능성'이 높은지 비교했어야 했다. 잘못 비교한 자료가 동물들을 들썩이게 한 것이다.

"어쩌지? 치타 본부장처럼 설명하면 다들 오해할 텐데……."

왕재미는 백신에 관한 기사를 검색했다. 우려했던 대로 백신 주사기는 물로 채워진 가짜 주사기라는 둥, 백신을 맞으면 외계인이 된다는 둥, 아무렇게나 지어낸 뉴스가 인터넷에 깔려 있었다. 왕재미의 눈에 정의의 불꽃이 이글거렸다.

"안 돼. 더 이상은 참을 수 없어!"

왕재미는 빗자루를 집어 들고 경찰서를 나섰다. 중앙방역대책본부로 찾아가 치타 본부장과 담판을 지을 계획이었다.

왕재미는 지름길로 가기 위해 아무도 없는 어두운 골목길에 들어섰다. 그런데 그 순간 갑자기 왕재미의 뒤로 정체불명의 그림자가 쓱 따라붙었다. 아무것도 모르는 왕재미는 그저 앞만 보며 척척 걸었다.

"아직 늦지 않았어! 얼른 가자……. 어, 어? 윽!"

그림자는 순식간에 왕재미를 덮쳤다. 왕재미는 발버둥 치며 그림자에게서 벗어나려고 애썼다.

"뭐야? 저리 가! 으아아악!"

그림자는 왕재미를 단숨

에 누르고 힘으로 기절시켰다. 왕재미는 그림자의 등에 업혀 어디론가 끌려가고 말았다.

이튿날 아침에 출근한 예반디와 짱센풍뎅이는 경찰서 앞 골목에 떨어져 있는 왕재미의 빗자루를 발견하고 깜짝 놀랐다.

"아니, 이게 왜 여기에 떨어져 있죠?"

"이상하네요. 이렇게 함부로 길바닥에 두고 다닐 리가 없는데……."

예반디와 짱센풍뎅이는 빗자루를 돌려주기 위해 우주선에도 가보고, 경찰서 근처도 돌아보았다. 하지만 끝내 왕재미는 보이지 않았다. 예반디의 표정이 심각해졌다.

"혹시 치타 본부장을 만나러 간 게 아닐까요?"

마침 그때 TV에 뉴스 속보가 떴다.

최초 감염원 체포 완료

중앙방역대책본부에서 라이브 방송 예정

"아니, 이럴 수가……."

짱센풍뎅이와 예반디는 제자리에서 얼어 버리고 말았다. 예반디는 침을 꿀꺽 삼켰다. 아끼는 빗자루를 두고 아무 말 없이 사라진 거라면 왕재미는 개구라 일당에게 당한 게 분명했다.

"왕재미 님이 위험해요!"

둘은 곧장 경찰서 밖으로 달려나갔다. 무작정 조퇴하고 나가면 경고를 받겠지만 이 순간 그런 문제는 중요하지 않았다. 이것은 왕재미의 운명이 걸린 일이었다.

"가요! 왕재미 님을 구하러!"

예반디와 짱센풍뎅이는 중앙방역대책본부에 도착했다. 둘은 나무 뒤에 숨어서 빌딩 안으로 들어갈 기회를 엿봤다. 때마침 건물 앞에 택배 트럭이 멈춰 서 있었다.

“어? 바로 저거예요!”

둘은 보안 요원들의 눈을 피해 트럭으로 살금살금 접근했다. 택배 기사가 짐칸의 문을 열고 박스를 꺼내자 둘은 폴짝 날아올라 박스 아랫면에 딱 붙었다.

“택배입니다.”

택배 기사가 보안 요원에게 박스를 건넸다. 요원은 아무런 의심 없이 박스를 들고 건물 안으로 들어갔다. 짱센풍뎅이와 예반디는 속으로 만세를 불렀다.

‘오예!’

둘은 적당한 타이밍을 엿보다 바닥으로 슬쩍 뛰어내렸다. 하지만 꼬리가 길면 밟힌다고 했던가. 둘은 곧 보안 요원에게 들키고 말았다.

“어이, 잠깐! 너희는 뭐야?”

짱센풍뎅이와 예반디는 온몸에 소름이 돋았다. 하지만 예반디는 생글생글 웃으며 순발력을 발휘했다.

“보시다시피 저희는 청소부죠. 여기 청소부요.”

짱센풍뎅이도 앞치마와 청소 도구를 흔들어 보였다. 보안 요원은 둘의 얼굴을 자세히 살피며 냄새를 맡았다.

"킁킁, 이상하네. 맡아 보지 못한 수상한 냄새인데?"

그 순간 예반디는 보안 요원의 콧속으로 슝 날아가 악취를 뿜었다.

"으억! 이게 무슨 냄새야!"

콧속에서 나온 예반디는 능청스럽게 말했다.

“아이고, 고린내가 나세요? 이런. 꼬랑내19에 걸리셨나 봐요.”

보안 요원은 얼굴이 하얗게 질려 버렸다.

“뭐? 내가 꼬랑내19에 걸렸다고?”

짱센풍뎅이도 맞장구치며 호들갑을 부렸다.

“어쩐지 청소가 제대로 안 돼서 바이러스가 득실거리는 것 같았어요. 이쪽에도 바이러스가 잔뜩 있네요.”

보안 요원은 짱센풍뎅이가 가리킨 곳을 피해 용수철처럼 튀어 올랐다.

“어디? 어디? 아악!”

보안 요원은 정신을 놓은 것처럼 밖으로 헐레벌떡 뛰쳐나갔다. 둘은 킥킥 웃으며 손뼉을 마주쳤다.

한편 왕재미는 본부장실 책상에 있는 곤충 채집통에 갇혀 있었다. 치타 본부장은 곧 시작될 라이브 방송을 준비하러 회의장에 가 있었다. 왕재미는 온몸으로 채집통을 흔들었다.

'벗어나야 해! 다들 한통속으로 입을 맞췄어. 나를 희생양으로 삼으려는 거야! 최초 감염원을 연구한다는 핑계로 나를 갈기갈기 해부하겠지. 그 누구의 의심도 사지 않고 깔끔하게 말이야. 안 돼, 이렇게 죽을 순 없어…….'

그때였다. 끼이이익. 문득 문이 열리는 소리가 들렸다.

"왕재미 님!"

왕재미는 자신을 부르는 익숙한 목소리에 고개를 돌렸다. 예반디와 짱센풍뎅이였다. 왕재미는 자신을 구하러 한달음에 달려와 준 친구들의 모습에 가슴이 뭉클했다.

"조금만 참아요. 저희가 꺼내 줄게요!"

예반디와 짱센풍뎅이는 채집통에 올라 뚜껑을 힘껏 당겼다. 하지만 그 순간 누군가의 기척이 들렸다. 치타였다. 예반디와 짱센풍뎅이는 재빨리 책상 밑으로 몸을 숨겼다.

"넌 이제 시민들 앞에서 범죄자로 손가락질받고 실험실로 끌려가 고통스럽게 죽게 될 거야. 개미 주제에 위대한 개구라 님의 일에 함부로 끼어든 죗값이지."

치타는 왕재미를 바라보며 음흉한 미소를 지었다. 왕재미는 치타가 개구리 반지를 끼고 있는지 살폈다. 절망스럽게도 반지는 없었다. 치타는 능글맞은 목소리로 말했다.

"이런 이런, 반지를 찾고 있나 보군. 하지만 난 세뇌당해서 움직이는 놈들과는 차원이 달라. 뼛속까지 개구라 님의 편이거든. 네 놈을 한 방에 뭉개 버릴 생각을 하니 정말 신나는구나!"

치타는 채집통을 들어 올렸다. 예반디와 짱센풍뎅이는 책상 밑에서 기어 나와 치타의 바짓단에 몰래 달라붙었다. 치타는 그런 줄도 모른 채 싱글벙글한 얼굴로 회의실로 향했다.

"자, 이제 재판을 받으러 가자꾸나. 흐흐."

회의실에 들어서자 라이브 방송을 위한 카메라와 치타의 부하들만 보였다. 기자나 방청객이 있었다면 누명을 벗겨 달라는 하소연이라도 할 수 있으련만 미리 손을 쓴 듯했다.

치타는 채집통을 연설대 위에 올려놓은 뒤 부하들을 시켜 카메라 테스트를 했다.

"각도 좀 잘 잡아 봐. 어때? 잘 나와? 좋아. 마이크 소리는 잘 들리고?"

치타가 카메라 테스트에 빠져 있는 사이 예반디와 짱센풍뎅이는 연설대 위로 살금살금 올라가 채집통 뚜껑을 열었다. 왕재미는 슬그머니 채집통에서 빠져나왔다. 하지만 이내 치타에게 꼬리를 잡히고 말았다.

"아니, 이게 감히!"

화가 난 치타는 연설대를 쾅 내리쳤다. 그 바람에 예반디와 짱센풍뎅이는 연설대 모퉁이에 있던 치타의 휴대폰 위로 튕겨 나갔고, 왕재미는 카메라 앞까지 굴러갔다.

"다들 뭐 해? 저놈을 잡아와!"

치타는 빼액 소리를 질렀다. 부하들은 납작 엎드려 바닥에 떨어진 왕재미를 찾아 헤맸다.

"오잉? 어딨지?"

"잘 좀 봐 봐. 여기 어딘가 있을 거야."

하지만 왕재미는 어느새 카메라 위로 도망간 뒤였다.

"선량한 시민을 납치하면 안 되죠. 이건 범죄예요! 죗값은 당신이 받아야 해요!"

화가 머리끝까지 난 치타는 카메라를 향해 소리쳤다.

"저놈의 주둥이를 가만두지 않겠어! 저 녀석을 다시 납치해!"

치타는 씩씩거리며 왕재미를 잡으러 뛰어왔다. 하지만 카메라에 들어온 빨간 불을 보는 순간 멈칫할 수밖에 없었

LIVE
ON

다. 왕재미가 방송 시작 버튼을 누른 것이다! 왕재미는 허리에 손을 얹고 당당하게 외쳤다.

"본부장님이 한 말은 이미 전국에 방송으로 나갔어요. 절 납치하라는 말까지도요."

치타는 잠시 당황한 듯하더니 고갯짓으로 부하들을 시켜 라이브 방송을 강제로 꺼 버렸다. 왕재미는 치타 앞으로 질질 끌려갔다.

"라이브 방송은 잠시 방송 사고가 있었다고 둘러대면 그만이야. 네가 최초 감염원이라는 건 이미 대통령께 다 보고해 놨어."

치타는 연설대 위에 올려놓았던 휴대폰을 켜고 대통령에게 보고한 메시지 기록을 열었다. 하지만 곧 메시지 창을 보는 순간 비명을 지를 수밖에 없었다. 예반디와 짱센풍뎅이가 치타 몰래 끔찍한 메시지를 보냈기 때문이다.

최초 감염원에 관한 보고서 파일이
안 열립니다. 다시 올리세요.

오후 4:30

ㄴㄴㄴㄴ

오후 4:31

본부장, 지금 진심인가요?

오후 4:32

ㅇㅇㅇㅇ

오후 4:34

"끼아아아아악!"

치타는 머리를 쥐어뜯으며 좌절했다. 구석에 숨어 있던 예반디와 짱센풍뎅이는 손을 탁탁 털며 뿌듯한 미소를 지었다. 잠시 후 라이브 방송을 본 경찰들이 회의실로 뛰어 들어왔다.

"꼼짝 마, 체포한다!"

경찰들은 치타와 부하들에게 수갑을 채웠다. 뉴스에서는 너도나도 이 사건을 대대적으로 알렸다.

최초 감염원 외계인설
거짓으로 밝혀져…

치타 본부장이 꼬랑내19의 최초 감염원을 외계생명체라고 발표해 논란을 일으켰으나, 이러한 주장은 과학적 근거가 없는 거짓으로 밝혀졌다.

이후 조사에서 치타 본부장은 자신의 주장을 뒷받침하기 위해 특정 시민을 납치하려 한 것으로 알려졌다. 그러나 바이러스는 누군가의 잘못이 아닌 기후 변화, 생태계 파괴 등과 같은 이유로 생겨날 수 있다. 그렇기 때문에 최초 감염원을 찾아 비난하는 일은 자칫 잘못하면 죄 없는 시민에게 피해를 줄 수 있는 위험한 행동이다.

법원은 국민의 안전과 믿음을 심각하게 해친 치타 본부장을 엄중히 벌해야 한다는 판결을 내렸다. 정부는 이 사건과 관련된 동물들을 철저하게 조사하고, 비슷한 일이 발생하지 않도록 최선을 다하겠다고 약속했다.

그 후, 왕재미는 다시 경찰서로 돌아갔다. 이제 왕재미는 라이어 시티 경찰서의 자랑스러운 청소부이자 진정한 구성원이었다. 왕재미가 어디 출신인지, 어떤 외모인지, 높은 자리에 있었다는 게 사실인지 아닌지는 더 이상 중요하지 않았다. 경찰들은 일렬로 서서 왕재미를 환영했다.

"예의를 갖춰, 일동 경례!"

왕재미도 경찰들을 향해 경례했다.

"경례! 왕재미, 경찰서로 돌아왔습니다!"

다시 뭉친 세 친구는 얼싸안으며 기쁨을 나눴다. 왕재미를 향한 박수와 환호성이 경찰서에 울려 퍼졌다. 왕재미의 눈이 희망으로 빛났다.

3권으로 이어집니다.